데리다의 『마르크스의 유령들』 읽기

세창명저산책_065

데리다의 『마르크스의 유령들』 읽기

초판 1쇄 인쇄 2019년 7월 22일
초판 1쇄 발행 2019년 7월 29일
_

지은이 김보현
펴낸이 이방원
기획위원 원당희
편 집 윤원진·김명희·안효희·정조연·정우경·송원빈
디자인 손경화·박혜옥 **영 업** 최성수 **마케팅** 이미선
_

펴낸곳 세창미디어
출판신고 2013년 1월 4일 제312-2013-000002호
주소 03735 서울시 서대문구 경기대로 88 냉천빌딩 4층
전화 02-723-8660 **팩스** 02-720-4579
이메일 edit@sechangpub.co.kr **홈페이지** http://www.sechangpub.co.kr/
_

ISBN 978-89-5586-565-3 02160

ⓒ 김보현, 2019

_ 이미지 출처: Henry Fuseli – Hamlet and his father's Ghost(https://commons.wikimedia.org/wiki/File:Henry_Fuseli_rendering_of_Hamlet_and_his_father%27s_Ghost.JPG)

세창명저산책_**065**

김보현 지음

데리다의 『마르크스의 유령들』 읽기

세창미디어
MEDIA

『마르크스의 유령들』은 정치, 경제, 사회, 역사, 철학, 종교, 그리고 문학이 어떻게 한 줄에 꿰어 있는가를 드러내는 희귀한 책이다. 이를 통해 데리다가 펼쳐 보이는 인식지평은 그야말로 드라마틱하다. 또한 유령소설은 아니지만, 유령소설 같은 분위기가 빈번히 연출되어 독특한 재미를 선사할 뿐만 아니라, 작금의 자본제 아래의 국제 정치, 경제, 그리고 사회에 대한 비판이어서 우리 모두의 첨예한 관심을 불러일으키기에 충분하다. 특히 마르크스가 꿈꿨던 혁명과 데리다가 제시하는 정의, 그리고 신국제주의 및 신민주주의는 서구 몇몇 나라로 국한되는 것이 아니라, 마르크스가 주창했던 것처럼 세계적으로 확산되어야 하는 국제성임을 강조하고 있어, 이 책이 단순히 서구의 이야기로만 끝나지 않는다는 점에서 흥미롭다.

　데리다는 의미심장하게 이원구조를 믿지 않는 학자도 없으며, 유령을 믿는 학자도 없다(32/11)고 말한다. 이들은 이성적이며 합리적인 학자들로 기존 체계에 아무런 불편 없이 순치된 학자들이다. 그러나 『마르크스의 유령들』을 읽고 나면, 이원구조는 믿을 수 없는 것이며, 유령이 우리와 함께 살고 있으며, 유령이 끊임없이 출몰한다는 사실, 그리고 나 자신이 유령이라는 사실에 어떤 미소를 띠며 어느 정도 수긍할 수 있게 된다. 이것이 『마르크스의 유령들』이 우리에게 선물하는 포스트구조주의적 인식 전회다.

　「시작하며」에서는 많은 사람들이 오해하듯, 데리다는 텍스트주의자가 아니라 앙가주망에 열심이었던 학자이기 때문에, 정치·경제에 관한 주제로 데리다가 『마르크스의 유령들』을 쓴 것은 전혀 의외가 아니라 당연한 결과임을 지적했다.

　1장 「자유방임 자본주의가 드러내는 10대 재앙」은 데리다가 지목한 것으로 이것이 『마르크스의 유령들』을 집필한 직접적 동기가 된다. 이러한 폐해는 서구에만 국한되는 것이 아니라, 우리나라에서도 지금 빠르게 나타나고 있는 것들이다.

2장 1. 「마르크스: 헤겔 철학의 청년 좌파」에서는 마르크스의 변증법적 유물론이 서구 철학사에 등장한 이유와 배경을 설명했다. 이는 한편으로는 서구 철학의 세속화에 기인한 것이며, 다른 한편으로는 산업혁명에 따른 빈부차이와 노동자들의 열악하기 짝이 없었던 삶과 일터에 대한 개선이 그 동인이었다. 동시에 헤겔 철학의 청년 좌파들이 어떤 이유로 헤겔 철학에 반대했나를 간단하게 적시했다. 2. 「마르크스와 슈티르너(Marx와 Max): 헤겔의 아들들(모조들)」에서는 마르크스와 슈티르너 사이에서 벌어졌던 엄청난 논쟁을 데리다가 조명하면서, 헤겔 청년 학파에 속했던 두 사람은 사실은 서로 닮은 꼴(Marx와 Max)이며, 그래서 두 사람은 서로의 모조, 더블, 유령임을 드러내는 것을 요약했다. 헤겔을 벗어났다고 생각했던 이 두 사람은 헤겔로부터 결코 자유롭지 못했다는 것이 데리다의 평가다. 3. 「후쿠야마: 헤겔의 손자」에서는 후쿠야마의 낙관적 유포리아 역시 헤겔의 철학을 그대로 옮겨 온 것임을 데리다가 지적한 것을 요약했다. 이 역시 이원구조에 터한 신복음주의가 후쿠야마의 논리인데, 이는 역사성을 무화시키며, 작금에 드러나고 있는 자본주의의 폐해에 대해 무관심하게 만드는 요인이라는 것이다. 결론은 마르크스, 슈티르너, 그리고 후쿠야마, 이 세 사람 모두 이원구조 안에 있었고 헤겔로부터 결코 자유롭지 않았다는 것이다. 그러나 데리다는 마르크스가 슈티르너나 후쿠야마보다 겁질긴 사유자라고 평가했다.

　3장 1. 「유령이란 무엇인가?」에서는 유령에 대한 보다 완만한 이해를 위해, 유령이란 데리다가 어느 날 갑자기 사용한 것이 아니라, 까마득하게 플라톤에서 시작해서 역사적으로 오랫동안 꾸준히 사용, 축적되어 온 것임을 일별했다. 2. 「유령은 무엇을 하는가?」에서는 개인만이 유령에 의해 지배당하는 것이 아니라, 역사까지도 그러했음을 마르크스와 데리다가 드러낸 것을 요약했다. 예를 들면 프랑스혁명과 세계대전이다. 3. 「유령은 어디서 어떻게 발생하는가?」에서는 유령이 허구의 이원구조를 강화한 변증법에 의해 발생한다는 사실을 간략하게 설명했다. 4. 「유령의 속성」에서는 셰익스피어의 『햄릿』에서 나타나는 햄릿 선친 유령의 속성과 행태를 근거로 데리다가 드러내는 유령의 속성들을 요약했다. 여기에 더해 마르크스와 슈티르너가 분류한 열 가지 유령에 대해서도 간단하게 정리했다.

4장 「데리다와 마르크스의 유사성」에서는 데리다 해체와 마르크스 변증법적 유물론이 겹치는 부분을 지적했다. 데리다 해체는 늘 이중적이다. 2장에서 다루는 「마르크스와 슈티르너」는 데리다가 어떻게 마르크스를 해체하는가에 대한 것이라면, 여기서는 데리다의 해체가 마르크스로부터 무엇을 승계하는가에 대해 설명한다. 그것은 바로 역사의식, '지금'과 '여기'에 터한 현장성 중시, 자기비판정신 등으로, 데리다는 이것을 여전히 승계해야 함을 강조하고 있다.

5장 「데리다의 정의, 사건, 해체, 타자, 선물」에서는 데리다가 말하는 정의가 무엇인가를 설명한다. 1. 「정의와 결절」에서는 하이데거가 전유한 아낙시만드로스의 말, '결절決折, out of joint'을 두고 데리다가 하이데거와 벌인 논쟁을 요약했다. 동시에 이 두 사람이 말한 '결절'이 어떻게 서로 다른가를 지적했다. 2. 「정의와 유령」에서는 정의가 드러나는 조짐이나 양상이 유령의 속성과 매우 유사한 면이 있으며, 이러한 유령의 출현에 취사선택을 잘해서 이로운 유령에 대해서는 모두가 응하고 행동하는 것이 정의 실현이라고 데리다가 강조한 것을 조명했다. 하이데거, 데리다, 그리고 마르크스 세 사람 모두 시를 통해 존재가, 사건이, 그리고 혁명이 드러난다고 했는데, 3.「정의와 시詩」에서는 이 '시'라는 말을 세 사람이 서로 어떻게 다르게 사용했나를 비교했다. 데리다가 상정하는 정의와 윤리, 신국제주의와 신민주주의는 헤겔이나 칸트, 혹은 하이데거 등이 설파한 서구 중심의 이성주의, 혹은 순수 절대정신에 기초한 것이 아니라, 이원구조에 결박되지 않으면서, 모든 약소국가를 포함한 세계 모든 사람들과 모든 종류의 타자들의 차이를 존중하며 함께하는 잡종성이 그 요체다.

6장「『마르크스의 유령들』에 대한 오독들」에서는 『마르크스의 유령들』에 대한 서구 학자들의 오독에 대한 데리다의 반론을 요약했고, 국내 학자들의 오독에 대해서는 필자가 설명했다.

이 책 마지막 「끝내며: 우리의 '지금'과 '여기'」에서는 우리의 상황에 대한 필자의 개인적 견해를 적었다. 학자들과 지식인들이 현실 문제에 웅대할 것을 독려하는 것이 바로『마르크스 유령들』의 최종심급임을 데리다가 강조했는데, 필자가 한국의 '지금'과 '여기'를 모른 체하는 것은 옳지 않다는 생각에, 없는 용기를 내어 쓴 것이다. 데리다가 드러낸 이원구조의 위험성은 서구의 것과는 그 양상이 사뭇 다르지만, 국력을 쇠약하게 하는 요인으로 한국에 존재한다. 정치·경제 전문가들은 전문가들이기 때문에 평범한 상식은 언급하지 않는다. 그러나 상식이 의외로 문제 해결의 열쇠이지 않을까?『마르크스의 유령들』에서 데리다가 말하는 정의 역시 상식이다. 다만 필자는 생경한 서구의 역사적·문화적 배경과 이에 따른 용어들을 한국 독자들을 위해 풀어 설명했을 뿐이다.

거의 70년 동안 분단된 채, 우리는 끊임없이 전쟁의 위협을 받으며 살아왔다. 독자들은 이 책을 읽으면서, 우리의 현 상황을 타개하기 위해, 무엇을 실천해야 하는가에 대해 함께 숙고하고 행동하리라는 희망 속에서, 필자는 이 책을 집필했다. 우리의 현실을 개선할 수 있는 지침과 자극도 될 수 있는『데리다의《마르크스의 유령들》읽기』출간을 기

획한 세창미디어와 원고 교정에 많은 수고를 하신 편집부
윤원진 님에게 감사드린다.

오륙도가 멀 —— 리 보이는 서재에서

2019년 7월 甫如 김보현

| 차 례 |

1. 자크 데리다Jacques Derrida의 『마르크스의 유령들』(*Spectres de Marx, L'Etat de la dette, le travail du deuil, et la nouvelle Internationale*. Paris: Galilée, 1993/*Specters of Marx: The State of the Debt, the Work of Mourning & the New Internationale*. Trans. Peggy Kamuf, Intro. Bernd Magnus & Stephen Cullenberg. New York and London: Routledge, 1994) 은 본문에서 매우 빈번히 인용되기 때문에 저자명 및 서명은 생략하고, 쪽수만을 괄호에 넣어 다음과 같이 표기했다: (28/19). 사선 앞 수는 프랑스어판 쪽수, 사선 뒤 수는 영문판 쪽수다. 그리고 (이 책 12 주 6)은 이 책 12쪽에 있는 주註 6번을 뜻한다.

2. 별도의 언급이 없는 강조의 밑줄은 모두 인용한 작가의 것이거나 데리다의 것이다.

3. 본문에서 (이 책 23)은, 이 책 23쪽을 참조하라는 뜻이다.

4. 인용 글은 홑따옴표로, 인용문 안의 인용 단어는 쌍따옴표로 표시했다.

5. 많이 알려진 헤겔, 칸트, 아리스토텔레스 등의 이름은 원명을 본문에 넣지 않았다. 그러나 비교적 덜 알려진 인물의 원명은 표기했다.

6. 인용한 문헌의 서명과 출판 시기는 이 책 뒤에 있는 「인용문헌」에서 모두 확인할 수 있다.

7. 이 책은 필자의 졸저 『데리다 입문』 맨 마지막에 있는 「보론」을 확대·심화시킨 것이다.

시작하며

『마르크스의 유령들』은 데리다가 1991년 미국 캘리포니아 주립대학 리버사이드 캠퍼스에 있는 사상과 사회연구센터에서 주관한 세미나에 참석해 발표한 글을 심화·확장해서 펴낸 저서다. 데리다 자신은 정치·경제 문제에 대한 전문가가 아니어서 마르크스의 정치·경제 이론에 대한 일가견이 없는 사람이지만, 이 세미나에 참석한 이유는 자본주의의 자유주의·민주주의와 국제정치가 작금에 드러내는 엄청난 폐해와 위기에도 불구하고, 마르크스를 땅에 묻고, 애도하는 것은 오히려 작금의 위기를 감추고 이를 더욱 가속화시킨다고 생각했기 때문이라고 밝혔다.

적지 않은 사람들은 데리다가 정치·경제·사회 문제에 대해 언급하는 것을 의외라고 생각할 것이다. 왜냐하면, 데리다는 서구 인문학 속에 장착되어 있는 이원구조로 인해, 서구 인문학이 3,000년 동안 허구의 폐쇄 속에서 제자리 맴돌기, 즉 '자기원인causa sui'만을 계속하고 있었다는 사실을 드러내기 위해, 1967년에는 『글쓰기와 차이』, 『그라마톨로지에 관하여』, 그리고 『목소리와 현상학』을 동시에 출간했고, 1972년에는 『산포』, 『철학의 여백들』, 『입장들』을, 1974년에는 『글라』 등 수많은 학술저서들을 출간했고, 이 저서들은 서구 인문학사에 또 하나의 큰 획을 긋는 학문적 성과를 올렸기 때문일 것이다. 이렇듯 매우 학구적인 저서들을 대량 발표한 데다가, 데리다가 『그라마톨로지에 관하여』에서 '텍스트 밖에는 아무것도 없다'고 한 이 말로 인해, 많은 사람들이 데리다를 텍스트주의자로 오해했기 때문에 데리다가 현실 정치와 경제 문제를 거론하는 것이 얼른 이해가 가지 않을 수도 있다. 그러나 잘 생각해 보자. 이원구조가 세계대전, 인종차별주의, 남성중심주의, 그리고 종교전쟁 등의 이론적 근거가 되었다면, 데리다가 수많은 학술저서에서 이원구조를 그 유례가 없을 정도로 철저하게 해체한 것이야말로 이미 국제정치와 정의, 그리고 윤리에 대한 가장 확실하고 심오한 개입이 아니겠는가.

물론 데리다가 학술저서들만 발표한 것은 아니다. 데리다의 이력을 조금만 관심을 가지고 살핀다면(이 책 237-253), 데리다의 사회참여는 그의 경력 초기에서부터 시작되었음을 알 수 있다. '68 프랑스혁명'을 바라보면서, 저항은 더욱 적극적이고 전투적이어야 한다는 사실을 데리다는 깊이 깨달았고, 1981년에는 체코 지식인들을 돕기 위해 안위스 협회를 창설하고 프라하에 가서 여러 번 지하 세미나를 열었다가, 마약 전달자로 체포되어 잠시 투옥되기도 했다. 또한 미국의 아이비리그를 중심으로 CLS(Critical Legal Studies)라는 법연구회를 설립, 법과 현실과의 괴리를 극복하고, 현재의 법이 얼마나 서구 중심적인가를 드러내었는데, 이런 모임은 여태까지 단 한 번도 시도된 적이 없었다. 그의 관심은 서구에로만 국한된 것이 아니었다. 그는 한국에 대한 일본의 사과는 사과가 아니라고 했는가 하면, 사형폐지를 위해 중국을 몇 차례 방문하기도 했다. 데리다 스스로가 밝힌

대로, 앙가주망에 열심이었던 사르트르를 보면서 학창 시절을 보냈고, 무엇보다도 어린 시절 길거리에서 수시로 '이 더러운 유대인 자식'이라는 말을 들으며 구타당했는가 하면, 초등학교 시기에는 이유도 모른 채 학교에서 느닷없이 쫓겨났으며, 홀로코스트를 목도한 데리다가 텍스트주의자로서 텍스트에만 안주했다면, 데리다는 결코 데리다가 될수 없었다. 글이 지니는 힘은 실제 생활에서 겪은 처절한 경험과 이에 대응하는 그 개인의 감성과 인성에서 분출된다. 이러한 사실을 감안한다면, 현실참여는 데리다에게 피할 수 없는 것이었다. 바로 이런 이유로 데리다는 자신의 전문 분야가 아님에도 마르크스의 정치·경제를 논하는 학술 대회에 기꺼이 참석한 것이다. 학자들의 글은 반드시 현실을 바꿀 수 있어야 한다는 마르크스의 말에 데리다는 깊이 공명한다고 했다. 또한 '해체는 정의다', '모든 것은 다 해체될 수 있어도, 정의는 해체될 수 없다'는 데리다의 말은 정의가 그에게 가장 중요한 화두였음을 명증하고 있는 것이다. 이런 배경에서 『마르크스의 유령들』은 집필되었고, 이 저서로 우리는 작금의 자유방임 자본제하의 민주주의,

그리고 국제정치와 정의를 그 최기저에서 재고, 발본하게 된 것이다.

데리다는 『마르크스의 유령들』이 학술저서가 아니라고 했지만, 이 책에는 위에서 언급한 초기 학술저서가 지닌 데리다의 글쓰기 특징들이 고스란히 담겨 있다. 우선 자본제가 드러내는 감당할 수 없는 폐해와 재앙을 목도하면서, 이를 개선하고자 하는 데리다의 결기는 낙하하는 거대한 폭포수를 연상시키는 광기의 다변이 되어 『마르크스의 유령들』 전편에서 끊임없이 쏟아지고 있다. 또한 데리다 글은 늘 많은 상호텍스트들로부터의 엄청난 양의 직접 인용들과 이에 대한 방사선 검사에 비유되는 정세하기 짝이 없는 비교와 분석으로 가득한데, 『마르크스의 유령들』도 그러하다. 하이데거 저서 『초기 그리스 사상』 1장인 『아낙시만드로스의 파편적 격언』, 슈티르너Max Stirner(1806-1856)의 『자아와 자신만의 자아: 권위에 대항하는 개인의 경우』, 마르크스의 『독일 이데올로기』, 『루이 보나파르트의 18일째 브뤼메르』(이하 『브뤼메르』), 후쿠야마Francis Fukuyama의 『역사의 종말: 최후의 인간』(이하 『역사의 종말』), 헤겔의 『정신현상학』,

마르크스가 자신의 변증법적·역사적 유물론에서 조망한 자본주의의 폐해와 구제할 길 없는 총체적 난국을 극화하기 위해 대폭 차용한 셰익스피어의 『아테네의 타이먼』, 그리고 데리다가 정의의 문제와 유령의 속성, 그리고 지식인들의 현실참여 독려를 극화하기 위해 끊임없이 인용하는 『햄릿』 등이 상호 비교, 분석되면서, 이 많은 텍스트들의 상호 상이성 및 유사성이 정확하게 조명된다. 이뿐만이 아니다. 데리다는 『햄릿』에서 엑스트라에 해당하는, 그래서 여태까지 그 어떤 셰익스피어 평론가도 관심을 표하거나 언급한 적이 없는 유령에게 매우 심원한 의미를, 그리고 역시 엑스트라에 불과한 왕궁 성城의 밤 보초병 마셀러스에게 매우 중대한 역할을 부여함으로써, 자신이 주변적 사유자임을 절묘하게 입증한다. 데리다는 늘 문학에 대한 열망을 가감 없이 드러내는데, 그중 하나는 자신은 셰익스피어를 흠모한 나머지 셰익스피어 비평가가 되고 싶었다는 것이다. 그런데 『햄릿』에 대해 단 한 번도 시도된 적이 없는 새로운 접근과 해석을 데리다가 했기 때문에, 많은 사람들은 데리다가 셰익스피어 비평가로서도 손색이 없다는 평을 했다.

1장
자유방임 자본주의가
드러내는 10대 재앙

아래는 데리다가 열거한 자본제가 가져온, 작금에 세계가 경험하는 고통이다. 물론 우리나라도 이러한 고통으로부터 예외가 아니다.

① 실업 문제이다. 비용을 줄이고 생산성을 높여 보다 많은 이윤을 창출하기 위해서는 고용을 줄이고 보다 첨단화된 기계로 그 자리를 대체하는 것이 자본제이기에 실업은 필연적으로 증가될 수밖에 없다. 이로 인해 실직 현상은 규칙적으로 반복되고 중산층은 결국 빈민층으로 추락할 수밖에 없다. 또한 순간순간 새로 만들어지고 발명되고 창안

되는 네트워크 작동은 전통적인 노동과 임금이라는 관계를 교란하고 예측을 불허한다. 이러한 교란은 여태 한 번도 경험하지 못한 것이기에 고통은 예측 없이 찾아오며, 이런 이유로 고통 그 자체가 매우 은밀하며 정확하게 규명되지 않는다. 또한 발생하는 실업 문제와 빈곤의 문제는 선혀 예측할 수 없는 양상을 띠게 되어 통제되지 않고 적절한 대책마저 입안하기가 거의 불가능해진다.

② 집 없는 사람들이 빠르게 증가하고 있다. 하우스푸어 house-poor가 하우스리스houseless로 전락하는 것은 시간문제다. 세계 각 나라들은 이들을 경계하고 자국에 들어오지 못하도록 여러 가지의 국가적·정치적·문화적 제도를 강화한다. 집 없는 이들은 결국 떠도는 신세가 되어 추방되거나 한 국가의 민주주의제도에서 제외된다. 이들은 비닐처럼 투명해지다가 결국 아무도 모르게 죽는다.

③ 무자비한 경제 전쟁이 세계 전역에 확산된다. 무역수지 적자에 대한 해석과 해결방식이 각 나라마다 서로 다르기 때문에 전쟁 직전의 긴장과 불화는 계속된다. 여기서 약소국이 늘 밀리게 되어 있다.

④ 자본주의 시장경제가 제시하는 전형적 개념, 즉 모든 이들이 보다 나은 경제적 삶을 향유한다는 선언의 말과 현실에서 발생하는 실제 상황과의 깊은 괴리를 극복하기가 전적으로 불가능해진다. 바로 이런 이유로 각국의 경제보호주의 정책과 이를 부수려는 자본주의 시장 논리를 앞세운 국가 사이의 긴장은 늘 촉발된다. 트럼프와 시진핑의 무역 전쟁이 심상치 않다.

⑤ 급속히 늘어나는 외국 부채와 이의 유관기관들로 인해 엄청난 사람들이 굶주림에 봉착한 채 절망한다. 자본주의 시장경제 논리는 이들을 보호하려 한다고 하지만, 결국 제외시키는 모순이 반복적으로 발생한다.

⑥ 무기 산업과 교역이 국가들의 과학·연구·경제 그리고 노동의 사회화에 규칙적으로 포함되는 것이 당연한 것으로 간주된다. 이 결과는 무기 교역이 증가되고 빈번히 마약 거래와 연루된다.

⑦ 핵을 가진 국가들은 다른 나라가 가진 핵으로부터 자국을 보호하기 위해 핵이 필요하다는 논리를 편다. 핵무기 확산은 더 이상 통제 불가능한 상태다. 우리의 상황은 어떤

가? 북한이 핵실험에 성공했으니, 결국 남한과 일본도 핵을 가져야 한다는 당위성에 미국이 얼마나 더 버틸 수 있을까? 미국이 이제 와서 중국에 의지해 북한을 통제하려는 이 자체가 그동안의 미국의 대북 핵정책이 실패했음을 뜻하는 것은 아닌지? 북한 핵문제에 관한 한, 그동안 미국도 유엔 안보리도 속수무책이었다. 중국은 결코 미국과의 관계 개선을 위해 북한을 포기하지 않는다. 세컨더리 보이콧이 아니라 서들리 보이콧으로 발생되는 중국의 경제적 손실이 수많은 동전이라면, 북한은 거대하고 변하지 않는 다이아몬드 덩어리다. 이 둘을 교환하는 백치는 없다. 중국은 자신의 손과 입을 빌리지 않고도 중국을 대신해서 미국과 싸워 주는 북한이 그저 예쁘기만 할 것이다. 삼척동자도 다 아는 이 사실을 미국만 정녕 모른다는 것인가? 미국의 속셈과 해법은 과연 무엇일까? 속셈과 해법은 우리 손에 있는 것이 아닐까? 북한이 핵을, 그리고 중국이 북한을 포기하는 일은 필자로서는 상상하기 힘들다. 필자의 이런 추측이 틀리기를 간절하게 바라지만.

⑧ 인종 간의 전쟁이다. 이는 지역사회, 국가, 패권, 경계,

고향 그리고 혈맹에 대한 원시적 개념의 환영에서 비롯된다. 원형주의, 즉 고향과 내 혈족에 대한 애착은 결코 나쁜 것은 아니지만, 지금처럼 원격통신기술로 인해 심리적으로 한곳에 속할 수 있는 정서가 불가능해졌다. 공간적으로 우리의 존재가 끊임없이 산포되어, 지역으로부터 나의 뿌리가 뽑혔다는 불안감에서 원형주의, 즉 한 장소에 고착하려는 심리와 생물학적으로 결정되는 인종에 속하려는 심리가 가중된다. 이것이 테러와 폭력으로 이어진다.

⑨ 동유럽 사회주의 국가, 그리고 전역에서 증가하고 있는 마피아와 마약 거래상들을 강대국들은 더 이상 통제할 수 없다. 이탈리아의 시칠리아섬, 여전히 잔존하는 무솔리니 독재정권의 파시즘, 대서양 양쪽에 있는 민주주의 국가들, 자본주의를 재조정한 이탈리아 기독교가 재건한 민주주의 국가 등은 마피아와 마약 거래상들과 길게 그리고 깊게 연루되어 있다. 마피아와 마약 거래상들이 세운 유령 정부는 경제체제뿐만 아니라, 자본 순환, 국가 간의 정치 외교에도 이미 깊이 침투되어 있다. 이제 한국도 마약 청정국가가 아니다.

'나는 당신의 형제가 아닌가요?'
(프랑스혁명 당시 노예폐지 운동을 위한 목판화)

⑩ 국제법과 이 제도에서 드러난 불평등이다. 많은 경우 국제법과 정의는 유럽 철학의 폐쇄된 개념에 근거하고 있다. 그리고 이에 따라 거의 예외 없이 초강대국들이 의사 결정을 한다. 인도주의라는 이름하에 강대국들은 불투명하고 위선적으로 약소국에 개입하고 침략한다(134-139/81-84). 그러나 '자유, 평등, 형제애, 사랑'은 오로지 강대국 자국 안에서 자국민끼리만 통용되는 것이다. 이렇게 할 때 자신들의 국가를 거의 천국같이 꾸며 놓고 살 수 있기 때문이다. '자유, 평등, 사랑'은 범세계적 가치로 구현된 적도 시도

된 적도 없다는 것은 언급할 필요조차 없는 현실이자 상식이다.

이렇듯, 자본제가 잉태시키고 있는 일촉즉발의 위기가 세계에 번지고 있다. 『마르크스의 유령들』의 취지는 자본주의와 강국들에 의해 주도되는 소위 국제주의·세계주의에 대해 마르크스가 가했던 비판정신을 이어 가며, 작금의 자본주의와 세계주의를 수정하자는 데 일차적인 목적이 있다. 데리다는 작금의 자유방임 자본제의 민주주의가 드러내는 엄청난 폐해를 목도하면서, 자본주의 경제체제에 대해 가장 혹독한 비판을 했던 마르크스의 정신이 지금처럼 필요한 때가 없었으며, 급진적이며 급박한 가르침을 주는 마르크스의 텍스트보다 지금 더 긴요한 것은 없다(35/13)고 한다.

'마르크스로 돌아가자'는 말이 결코 아니다. 데리다 자신은 마르크스주의자가 아니라고 분명하게 선을 긋는다. 데리다는 항상 이중적이다. 마르크스가 이원구조의 불가능성을 명백하게 인지했으나, 이원구조를 여전히 고수했던 것은 광정되어야 하지만, 마르크스가 보여 준 철저한 자기

비판정신, 연대의식, 역사의식, 사회의식, 그리고 '지금'과 '여기'라는 현장에 터한 물질적 기반을 가장 중시했던 것은 승계하면서 작금의 자본제 민주주의와 국제주의를 비판하자는 것이다. 즉 탈구된 작금의 자본제와 민주주의, 그리고 국제정치를 바로잡기 위해서는 마르크스와 함께 마르크스를 넘어가야 할 필요가 있다는 것이다. 법고창신하자는 말이다.

미국 대학 경제학과와 정치학과에서는 마르크스를 가르치지 않은 지 오래다. 오직 철학과에서만 가르치고 있다. 이는 교묘한 술책이다. 왜냐하면, 마르크스가 강조했던 것이 물질적 기반에 터한 정치, 경제, 그리고 사회 체제였고 이에 대한 비판이었는데, 철학 쪽에서만 가르친다는 것은 마르크스를 살려 두는 듯하지만 사실은 죽이는 것이기 때문이다. 2차 대전 이후, 세계는 영국과 미국이 주도하는 자유방임 자본주의가 완전히 승리한 것으로 보였고, 후쿠야마의 저서 『역사의 종말』(1992)로 자본주의의 승리를 축하하는 샴페인을 터뜨린 지 꽤 되었다. 그래서 우리는 마르크스에게 안녕을 고하고 마르크스를 땅에 영원히 묻어 버리고 애도하는 것이 당연하다고 생각하며 큰 저항을 느끼지 못한다. 그러나 이것은 자본제가 드러내는 모든 폐해에 대한 알리바이를 성립시키는 것이다. 이렇게 되면, 기실 우리가 지키고자 하는 자본주의와 민주주의조차 위태로워질 뿐만 아니라, 새로운 제국주의를 더욱 단단하게 구축하는 결과로 이어져, 거대한 인간성 자체가 더욱 강화되고 있는 자본주의 체제라는 새로운 노예제도하에 함몰된다고 데리다는 역설한다.

그러나 작금의 자본제하에서 일어나고 있는 이러한 각종 위험이 감추어져 더욱 위험해지는 근본 원인을 이해하기 위해서는 서구의 철학사·신학사가 심부에 감추고 있는 공모까지를 드러내야 한다고 데리다는 서구 전통 철학과 일대다의 대전을 선언한다. 이 감추어진 심부란 이원구조에 터한 관념론, 기독교의 신복음주의, 그리고 이원구조를 집대성하여 기독교를 뒷받침한 서구 철학의 중추인 헤겔의 절대정신 철학이다.

2장
마르크스의 변증법적 유물론

    마르크시즘을 서구 철학사에서 점검하기 전, 마르크시즘은 서구 정치·경제 분야에서뿐만 아니라, 서구 현대 연극사에도 막대한 영향을 끼쳤다는 사실을 잠시 상기하자. 마르크스의 변증법적·역사적 유물론이 꿈꿨던 사회혁명을 위해서는 사회의식개혁이 절대 필수였기 때문에, 이를 위한 극이 수도 없이 많이 쓰였다. 플라톤이 『공화국』에서 이성에 해가 되는 허구의 극, 혹은 모방시학은 이상 국가에서 추방되어야 한다고 주장했음을 기억하면, 현대에 들어와 서구 극작가들이 사회개혁을 위한 정치 및 사회극을 수없이 많이 쓴 것은 아이러니다. 현대 서구 극작가들은 사회

개선을 위한 다중들의 의식 전환을 드라마의 제1의 목표로 삼았다. 브레히트Bertolt Brecht는 자신의 극을 유물론적·역사적·변증법적 서사극이라 이름 붙였다. 인간해방과 사회혁명을 위한 마르크스주의 정치·사회·역사극은 서구 현대 연극사에 지진에 견줄 만큼 파격적인 변화를 가져왔다. 소위 말하는 메타 연극에 필요했던 모든 무대 구성과 장치 및 도구가 정치·사회 및 역사극이 나타남으로써 가능하게 되었다고 해도 과언이 아니다.

피스카토르Erwin Piscator는 『깃발들』에서 혁명 구호가 쓰인 거대한 깃발을 무대에 등장시켰고, 무대 배우들은 물질성과 육체성을 강조하기 위해 서커스 단원들이 보이는 곡예도 불사했다. 무대는 공장의 일터를 옮겨 놓은 것이 되기가 일쑤였고, 배우와 관객이 극장 안에서 섞이는 것 역시 다반사였다. 또한 관객들의 감정몰입을 차단하기 위한 '소외효과'를 위해 무대 위 배우들의 연기는 수시로 갑자기 멈추어졌고, 이때 연출가, 작가, 혹은 배우가 무대에 등장해, 관객들에게 직접 당시의 시사적인 문제를 거론했는데, 이는 사실주의 재현극이 만들어 내고자 했던 무대 위 허구를 철저하게 파괴하기 위한 것이었다. 정치 및 사회의식 전환을 위해 뮐러Heiner Müller는 전통의 반석 위에 있는 셰익스피어의 『맥베스』와 『햄릿』을, 그리고 본드Edward Bond는 『리어왕』을 개작했는데, 이는 하나같이 전통이 고수해 온 이데올로기에 의해 희생된 주인공들이 죽음에서 부활해 이데올로기를 쥐고 있었던 지배계급 사람들에게 복수를 하면서, 지배 이데올로기를 파괴하는 것이 그 목적이었다. 극을 통한 사회의식 고취는 비단 동구권 작가들에게서만 시도된 것이 아니었다. 입센의 극 대부분이 사회개선을 위한 사회의식 고취를 위한 것이었다. 특히 입센의 『인형의 집』에서 노라가 인형의 집을 떠날 때, 문 닫는 소리가 전 유럽을 진동시켰다고 할 만큼 충격을 주었고, 이러한 충격이 페미니즘의 신호탄이 된 것이다.

다중들의 의식의 각성은 사회혁명을 위해서는 절대 필수임을 아무리 강조해도 지나치지 않을 것이다. 자연히 이런 목적을 지닌 정치·사회극은 그 시대의 일반적 사회 정서와 관습, 그리고 가치관과 급진적으로 불화해야 하기 때문에, 쇼Bernard Shaw는 진지한 극은 반드시 '불쾌'해야 한다고 주장하면서, 많은 사회극을 발표했다. 이런 논리를 따르면, 『춘향전』이나 『심청전』 역시 남존여비 사상을 타파하기 위해서 철저하게 개작되어야 할 것이다. 성적 모독, 태형, 그리고 옥고를 함께 치르고 있는 춘향이를 떠보기 위해, 자신이 거지가 되었다고 말하는 이 도령의 잔인한 여유, 인생을 거의 다 산 늙은 아버지를 위해 그토록 어린 심청이가 인당수 무서운 푸른 바다에 빠져 고기밥이 되어야 한다는 이야기는 그 당시 여성의 '절개'와 '효'를 진작시키기 위한 것이었다. 『춘향전』의 경우는 국가 권력과 유교가, 공양미 때문에 팔린 심청이 이야기는 국가와 유교, 그리고 불교까지 합작·기도한 공모였다. 신라시대에는 어린 소녀를 제물로 바쳤다는 기록이 있고, 고려시대에 회향녀는 공물이었다. 그러니 다만 재미로 지어낸 이야기라 말하지 말라.

1. 마르크스: 헤겔 철학의 청년 좌파

서구 현대극에 끼친 마르크스의 영향도 지대하지만, 마르크스의 역사적·변증법적 유물론에 대한 배경은 철학사에서 짚어 봐야 명확해질 것이다. 마르크스와 슈티르너 두 사람 모두 그리스 철학자 에피쿠로스와 데모크리토스로부터 영감을 받았고, 헤겔의 절대정신 철학에 반기를 들었지만, 보다 근본적인 이유는, 과학의 발달과 산업혁명으로 인해 서구 철학이 급격하게

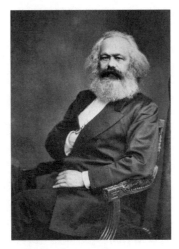

카를 마르크스(1818-1883)

세속화될 수밖에 없었던 결과다. 마르크스 이전의 많은 철학자들, 예를 들면, 데카르트, 칸트, 헤겔 등은 근원, 현상을 다루는 전통 형이상학 자체가 이미 경험주의에서 벗어나지 못했음을 알고 있었다. 서구 전통 철학이 고수하고자 했던 이성의 아성은 사실인즉 속으로는 서서히 무너지고 있었다. 이러한 현상은 데카르트의 '인식론적 전회'로 이미 시작되었고, 칸트와 헤겔의 '선험적 전회', 비트겐슈타인의 '언

어적 전회'에 이어, 데리다의 '해체적 전회'로 된서리를 맞게 된다. 따라서 헤겔 철학의 젊은 좌파들이 헤겔이 말한 절대 정신 대신, 마르크스는 물질에 기반한 사회경제구조에 터한 계급투쟁을, 슈티르너는 자신만의 쾌를 소유할 수 있는 몸 혹은 육체를 인간의 가장 중요한 근본 동인과 목적으로 앞세운 것은 피할 수 없었던 서구 철학의 거대한 흐름인 세속화의 일환으로 이해되어야 한다.

마르크스의 유물론은 사변적인 철학에 그 기반을 두고 출발되었지만, 마르크스의 유물론을 추동시킨 것은 그 당시 산업혁명에 따른 사회적 현상과 직결된다. 지질학, 고고학, 생물학의 괄목할 만한 발달과 전신, 전화, 증기기관차 등이 발명되고, 다윈의 『종의 기원』이 출판되면서, 서구는 일대 혁신과 함께 이전에는 경험하지 못한 전대미문의 위기에 직면했다. 산업과 과학의 발달, 그리고 자유방임 자본주의로 모두가 잘살 수 있고, 동시에 전화, 기차 등의 발명으로 인해 보다 여유로운 시간을 향유할 수 있을 것이라고 믿었으나, 결과는 오히려 정반대였다. 삶의 속도는 이전까지는 상상할 수 없을 만큼 빨라졌다. 이 결과, 이들은 자

화이트채플의 웬트워
스 거리로 일거리를
찾아 나온 노동자들
(귀스타프 도레 作)

신들이 마치 롤러스케이트에 두 발이 꽁꽁 묶인 채, 영원히
돌아가고 있다고 느낀 것이다. 물론 가끔 타는 것은 즐거운
일이지만, 평생 타야 하는 것은 공포이자 악몽임을 산업혁
명을 겪고 난 이후 알게 된 것이다. 그러나 마르크스로 하
여금 유물론에 의한 인간해방을 염원했던 동기는 무엇보
다도 그 당시 만연한 빈익빈 부익부라는 사회현상이었다.

영국 수상을 지냈던 디즈레일리Benjamin Disraeli가 쓴 소설 『시빌』(1845)의 부제목이 '두 국가'였다. 빈부의 차이가 한 나라를 두 개의 나라로 갈라놓았다는 뜻이다. 열악한 노동자들의 주거환경은 더러웠으며 날림으로 지은 토끼장 같은 집이 다닥다닥 붙어 있었고, 그 위로는 산업 공장 굴뚝에서 나오는 검은 연기가 늘 하늘을 가리고 있었다. 자유방임 자본제하에서 노동 착취가 심각했고, 영양실조와 허기에 지친 실직자들은 거리로 몰려나와 일거리를 찾고 있었다.

배럿Elizabeth Barrett이 쓴 『어린 아이들의 울음』(1848)을 보면, 5세가량의 아이들이 무거운 석탄통을 허리에 차고, 낮은 광산 굴 천장 아래를 기어가며 하루에 16시간씩 노동했고, 이에 대한 임금은 몇 조각의 마른 빵과 한 병의 설탕물이었다는 기록이 남아 있다. 마르크스의 유물론이 지니고 있는 인간해방이란 그 당시 산업혁명의 결과로 노동자들의 열악하기 그지없었던 노동환경과 비인간적인 노동자들의 삶을 개선하고자 하는 동기가 주요인이었다. 이러한 마르크스의 염원을 실제로 실천했던 사람이 있었다. 오언Robert Owen(1771-1858)은 웨일스 사람으로 견습공에서 시작해서 목화공장의 공동 경영자가 된 사람이었다. 그는 스코틀랜드에 새집을 짓고 노동자들의 하루 노동 시수를 14시간에서 10시간으로 줄이고, 노동자들의 자녀들을 위해 학교를 세웠다. 그러나 이러한 시도는 결국 실패로 끝났다. 자본주의가 격려하는 과다생산은 항상 문제를 유발하고, 이에 따른 불균등한 이윤이 모든 문제의 원인이었다. 이러한 사회적 환경하에서 '최대 다수의 최대 행복'을 표방하면서 '지칠 줄 모르는 사실 채집가'라는 별명을 얻은 벤담 역시 모든 이들의 부富의 고른 배분을 염두에 두었다. 마르크스는 벤담을 위시해 애덤 스미스의 『국부론』(1776), 벤저민 프랭클린, 그리고 존 스튜어트 밀 등 영미 경제학자들로부터도 크게 영향을 받았다.

철학사에서 마르크스의 위치는 어떤 것인가? 마르크스는 초기에는 헤겔의 정신 철학에 깊이 심취해 있었다. 그러나 헤겔 철학은 후속세대에 의해 좌파와 우파로 나뉘었고, 우파는 헤겔의 정신주의를 그대로 신봉하였으나, 청년 좌파들은 절대정신이 세계역사를 주도한다는 헤겔의 관념론을 정면 부정했다. 『예수전』(1835)을 쓴 슈트라우스David Strauss

(1808-1874)는 헤겔은 자신의 변증법이 기독교를 후원하기 위한 철학이라고 생각했지만 결국 범신론에 불과하다고 비판했다. 왜냐하면, 헤겔이 주장하는 절대정신은 결국 기독교의 신을 말하는데, 이 신이 모든 유한자, 즉 인간, 자연, 그리고 언어 안에 있고, 이 유한자를 절대정신, 혹은 신이 역사役事함으로써 역사歷史가 형성된다고 주장했기 때문에 범신론이라는 것이다. 포이어바흐Ludwig Feuerbach(1804-1872)는 헤겔이 아이러니하게도 이성주의를 부정함으로써 이미 죽은 신과 기독교를 되살리려 했다고 질타했다. 이원구조란 형이상학 탐구 과정에서 그 정점을 찍었지만, 초라하기 짝이 없는 모순(이 책 115-122)인데, 헤겔 변증법의 정반합 과정에서 모든 것이 감추어지고 무신론이 헤겔에 의해 신에 대한 객관적 결정으로 바뀌었다는 것이다. 즉 부정 혹은 반에서 재구성된 신은 자기모순이고 무신론적 신이며, 이를 뒷받침하는 철학은 무신론이라고 질정했다. 이성을 기치로 내세웠던 헤겔 철학은 사실은 초자연주의와 자신의 개인적 바람, 이 두 개를 합친 것인데, 이는 독단적 모순이며 자연과 이성 모두에 위반된다는 것이었다.

이렇게 헤겔을 비판한 청년 헤겔 좌파끼리도 엄청난 논쟁이 오갔다. 마르크스는 『독일 이데올로기』와 『포이어바흐에 관한 논문』에서 포이어바흐의 철학과 종교는 직감적·육감적 물질주의이며, 경험주의에서 탈피하지 못했다고 타매했다. 이런 이유로 포이어바흐 자신이 강조했던 인류학적 근거에 그 어떤 변화도 주지 못했고, 종교에 관한 낡은 개념을 수호하면서, 표상을 분석하는 것으로 만족했다는 것이다. 또한 변증법도 철저하게 이해하지 못했고, 이 결과 신성과 비속을 단순히 상호 복사관계라고만 이해했기 때문에 어떤 변화도 가져올 수 없었다고 비판했다. 마르크스는 헤겔의 절대정신을 위해서가 아니라, 유물론적 사관을 통한 인간해방을 위해 변증법을 고수해야 한다고 굳게 믿었다.

포이어바흐가 '인간학은 신학'이라 한 것을 두고, 마르크스가 여전히 신학적 구조에서 벗어나지 못했다고 비판했을 때, 슈티르너도 이에 가세했다. 슈티르너는 포이어바흐가 '주어와 서술어만을 바꿔치기한 것'이며, 여전히 환상에 지나지 않는 신을 믿고 신을 버리지 않았다고 힐난했다. 즉

'신은 신성하다'라는 말에서 신이라는 말 대신 인간이란 말을 삽입하여, '인간은 신성하다'라고 함으로써 신을 제거하는 것 같지만, '신성하다'는 말을 여전히 유지하여 신을 다시 집어넣었다는 것이다. 정신이라는 추상적 요소를 여전히 제1의 원칙으로 삼으면서, 다만 이를 다른 어휘로 바꾸어 살짝 감추었다는 것이다(슈티르너 58-59). 이러한 아이러니는 서구 철학사에서 내내 발생한다. 신, 존재, 형이상학은 이제 필요 없다고 창밖으로 던져 버리고 나면, 이것은 벽난로 굴뚝을 타고 들어와 방 한가운데 앉아 있더라는 것이다. 이러한 아이러니는 슈티르너와 마르크스에게도 그대로 되풀이된다. 곧 아래에서 보게 되겠지만, 헤겔의 형이상학과 절대정신을 배제하고 헤겔로부터 탈피를 선언한 이 두 사람은 물론, 헤겔 철학에 반기를 들었던 헤겔 철학의 청년 좌파였던 엥겔스, 바우어, 헤스Rudolf Hess 등도 가장 강력한 유령인 헤겔에 의해 지배되고(211/132), 이원구조에 의지했고, 종교적·형이상학적 근거를 떠나지 못했다.

2. 마르크스와 슈티르너(Marx와 Max): 헤겔의 아들들(모조들)

마르크스와 많은 것을 공유한 슈티르너는 그럼에도 불구하고 마르크스와 대척점에 있는 것으로 보인다. 왜냐하면 두 사람 모두 유령성을 제거하는 것이 제1의 목표였지만, 마르크스는 인간해방을 실현하는, 철저하게 공적·사회적 목표를 최후 목표로 설정한 데 반해, 슈티르너의 경우는 철저하게 자신만이 소유하는 에고이즘 혹은 쾌가 최후 목표였기 때문이다.

슈티르너와 마르크스, 이 두 사람 모두 우리의 자아 및 정치·경제·사회·종교의 역사가 유령에 의해 지배당하고 있음을 잘 알고 있었다. 또한 우리 자신이 유령이 되는 이유는 고정된 관념에 인간이 맹목적으로 종속되기 때문임을 두 사람은 자명하게 알고 있었다. 특히 정신주의라는 것이 광신주의와 엄청난 폭력으로 이어진다고 슈티르너는 특유의 직설적 톤과 스타카토 같은 짧은 문체로 기존의 종교에 속사포를 날렸다. 폭력과 광신은 역사적으로도 꾸준히 발생했고, 전쟁과 피를 끊임없이 부르고 있으며, 종교를 믿는 사람들이 이러한 폭력을 자행한다면, 결코 도덕적이지 못하다고 슈티르너는 질타했다. 슈티르너는 광신주의로부터 거리를 두는 자들, 종교인들의 입장에서 보면 용서되지 않는, 신을 믿지 않는 부도덕한 사람들이 훨씬 사물에 관용적이라고 주장한다. 기독교인들의 가슴속에는 헌병이 살고 있고, 그래서 무자비하지만 동시에 착한 기독교인들은 우리들을 방에 가두어 자물쇠로 잠근다고 하면서, 모든 문제는 열린 상태에서 질문으로 남겨 놓아야 한다고 강조했다 (슈티르너 45-47, 59, 62). 이러한 슈티르너의 입장은 데카당인 것 같지만, 슈티르너는 도덕주의자들이야말로 데카당들이라고 반격했다. 도덕주의자들도 도덕률이나 준칙을 따르지 않는 소위 비 혹은 반 도덕주의자만큼 타락했다는 것이다. 이는 후에 니체가 했던 말이다. 데리다 역시『글쓰기와 차이』1장에서 전통 형이상학을 따르는 구조주의자들을 일러 데카당이라 비판했다.

슈티르너는 철학이 주장하는 것은 말할 것도 없고, 절대자인 신이 탄생된 것은 전적으로 정치, 경제, 윤리, 문화 및 예술이라는 장치에 의해 주어진 것이지 실제로 존재하는 것이 아님(슈티르너 65)을 역설했다. 슈티르너가 개인의 쾌를 인간의 절대적 동인으로 간주하면서, 자신을 에고이스트라고 칭했는데, 이 말은 서구 현대 문학을 잉태시키는 데 견인차 역할을 했던 문학잡지 이름 『에고이스트』가 될 만큼 그는 선풍적인 인기를 누리기도 했다. 슈티르너는 신, 본질, 종교 같은 추상적 개념들과 이데올로기, 그리고 이것을 섬기는 개인도 유령(슈티르너 40-42, 72-73)이라 했다.

슈티르너의 입장에서 보면, 기독교, 모든 정치·경제 이념들, 그리고 마르크스의 유물론적 공산주의와 사회주의까지가 거짓이며 나만의 에고이즘을 구속하는 것이다. 슈티르너는 부르주아를 '사막의 귀족주의'로 정의했고, 프롤레타리아의 신념과 희망을 '거지주의'라고 가차 없이 비판했으며, 공산주의 혹은 사회주의가 모든 사람들이 동일한 재산을 가진다고 하는 '그 멍청한 헛소리를 언제까지 할 것인가'라고 공격하기도 했다(슈티르너 113). 이러한 꿈도 헛꿈이지만, 공산주의라는 체제 속에 살면 국가가 개인의 모든 것을 책임진다는 것이고, 이렇게 되면 개인은 국가의 명령에 따라 모든 행동을 해야 되기에 이는 해방이 아니라, 엄청난 구속으로 되돌아온다고 했다. 이렇듯 인간이 여태까지 꿈꾸고 투쟁했던 자유라는 것은 이러한 이유로 사실은 항상 반대급부를 형성하는 것이어서, 또 다른 형태에 예속되기 때문에, 전통이 말하는 자유가 아니라, '에고이즘'을 추구해야 한다고 주창했다. 이것은 우리 자신들에 대한 즐거움, 나 스스로 즐기는 것을 뜻한다. 이에 반해 여태 인간 역사가 꿈꾸었던 모든 종류의 자유란 일종의 '애타는 소원', '낭만적 비탄', 혹은 '현세를 떠난 내세와 미래성에 대한 기독교적 희망 사항' 혹은 '희망 고문'일 뿐이라는 것이다. 그러므로 슈티르너에게는 '나만의 것을 소유하는 것', 즉 나 자신이 소유한 에고이즘 즉 우리가 흔히 말하는 자유가 아닌 에고이즘이 가장 중요하다. 또한 내가 소유하는 이러한 에고이즘, 이것은 현실이고 내세에 대한 것이 아니며, 우리가 말해 왔던 자유는 반대급부로 구속을 불러들이고, 비록 자유가 있다 하더라도 그것은 이런 이유로 이미 완전히 조각난 극히 부분적 자유라고 슈티르너는 비판한다. 따라서 자신만이 소유하는 쾌란 자유를 추구하고 전통적 과정에서 생겨났던 반대급부인 구속을 제거하는 것으로 가능해진다고 주장했다. 따라서 이런저런 수많은 구속으로 만들어진 소문자의 인간이 아니라, 나 자신에게만 복종해야 하는(슈티르너 163) 자아를 슈티르너는 대문자의 인간Mensch(슈티르너 271/172)으로 표기했다. 그는 이것을 찾는 방식을 다음과 같이 선언했다:

사물들 뒤에서, 그다음은 정신으로서 생각들 뒤에서 자신을 발견하지 않으면 안 된다. 생각들이 나보다 더 크다. 비록 그것들이 내 자손들이기는 하지만, 착란적 미망의 환영들처럼 내 주위를 떠돌아다니고 나를 몹시 괴롭히는 끔찍한 힘이다. 이러한 생각들은 스스로 육체적이 되고, 신, 황제, 교황, 모국 등과 같이, 그들은 유령들이다. 이 유령들의 육체성을 부숴 버림으로써, 나는 그들을 내 자신의 육체성 안으로 이것을 들여보내고 나는 다음을 알린다: 나만이 육체적이라고. 그리고 나는 세상을 나만을 위한 것, 내가 소유한 것으로 간주한다. 모든 것을 나와 연관시킨다. (207/130)

젊은 슈티르너가 실제로 한 것은 무엇인가? 마르크스의

반박부터 보자: '단순한 명명으로 진행되는 이런 우화는 유명하고 고상한 교황, 조국, 신 등의 이름들을 겉치레식 나열로 재구성해서, 이것이 자신의 고유한 이름을 대신하는 것에 지나지 않는다.' 마르크스는 유령의 '환각적 잉여와 자본'을 인정하지 않는다. 마르크스에 따르면, 실제로 파괴된 것, 슈티르너가 빼냈다고 하는 것은 유령의 몸이 아니라, 유령이 지니고 있는 표상으로 표상 형식 속의 표상들 뿐이라는 것이다. 몸이 아니라는 말이다. 슈티르너는 자신이 빼냈다고 선언한 유령들, 즉 교황, 국가, 신의 몸을 빼내지 못했으며, 더구나 슈티르너 자신이 되찾았다고 하는 자신의 고유한 몸, 육체가 실제로 존재한다는 것을 증명하기 위해서는 세상의 실질적·물질적 구조 안에서 테스트되어야 한다고 마르크스는 슈티르너를 압박했다. 마르크스가 여기서 말한 물질적 구조란 일, 생산, 현실화, 기술의 구조를 뜻한다. 단순히 교황이나 황제의 몸(유령)의 형식(표상)을 제거했다고 해서 실제로 교황이나 황제들의 유령을 제거하지는 못한다는 말이다. 그래서 마르크스는 유령의 환영적 몸을 파괴하면, 유령의 실제 몸이 남는다고 굳게 믿는다

(208/131). 마르크스는 여기서 이분법을 전제하고 있다. 그래서 마르크스는 슈티르너가 자신의 고유한 몸이 아니라, 단지 유령의 그림자만을 건졌다고 주장한다.

결과적으로 슈티르너는 몸을 사랑한 나머지 몸을 잃었다. 유령의 몸을 없애고 이에 대해 애도하고 대신 자신의 몸이라고 생각하며 유령 속에 집어넣어 찾았다고 하는 슈티르너의 고유한 몸이란 사실은 두 번씩이나 슈티르너 자신의 몸을 잃은 것이다. 이것은 나르시시즘의 극치다. 슈티르너가 추구하는 자신만이 소유하는 자아, 즉 자신만의 고유한 육체를 되찾기 위해서는, 이것을 앗아간 유령으로부터 유령의 죽은 몸을 비우고, 거기에 자신의 몸을 유령 안으로 다시 넣어 합병하면, 살아 있는 자신의 몸을 되살릴 수 있다고 생각했다. 어떻게 이렇게 간단하게 자신의 고유한 몸을 되찾을 수 있다고 생각한 것인가? 슈티르너에게는 몸밖에 없다. 그는 헤겔의 정신주의를 반대했다. 그가 주창한 금언과 준칙은 몸 사랑이었다: '자신만의 몸에 대한 사랑으로, 우리가 오로지 몸으로만 사랑한다면'(208/131).

철학적 사고에 익숙하지 않은 우리들도 슈티르너의 이

런 방식은 너무나 단순하다고 생각할 것이다. 결론부터 말하면, 슈티르너는 결과적으로 자신만이 소유할 수 있는 고유한 원래 자신의 몸을 되찾는 것이 아니라 오히려 자신의 육체/몸을 두 번씩이나 죽인 것이다. 그래서 이를 육체 내재화의 패러독스라고 데리다는 표현했다. 슈티르너 자신의 고유한 몸 찾기 방식은 스타카토처럼 짧고 급한 그의 문장처럼 짧고 급하다. 슈티르너의 해결방식은 우리말로 하면, 단순히 '말장난'인데, 데리다 표현을 그대로 옮기면, '슈티르너적 수사성'에 지나지 않는다. 즉 '어머니'라는 글자를 살아 있는 어머니와 동일시한다는 뜻이다. 왜 슈티르너는 이토록 단순하게 처리했을까? 우리의 욕망이 지나치게 과다할 때, 그러나 이 욕망을 충족시켜 줄 수 있는 대상을 끝내 찾지 못하면, 우리의 욕망은 그 어떤 대체물도 상관하지 않고, 이것을 욕망 자체로 여긴다. 물론 이는 프로이트의 탁견이 전하는 말이다.

마르크스는 슈티르너가 찾았다고 주장한 이러한 자신만의 고유한 몸을 두고 '주술적 속임수'이며 슈티르너는 유령에 되잡혔다고 맹공격했다. 그렇다면 마르크스는 유령에 되잡힌 인물이 아니었을까? 위에서 슈티르너가 찾았다고 선언한 고유한 몸에 대해 마르크스는 맹렬히 비판했지만, 여전히 마르크스는 자신이 찾을 수 있다고 천명한 유령의 실제 몸은 찾지 못한 채, 끝까지 연기된다.

마르크스가 슈티르너와 선을 긋기 위해 어떤 방식을 택했는가? 마르크스에게는 자신만이 실제로 소유한 고유한 몸이 그 목표가 아니라, 유령의 근원을 뿌리째 뽑는 것, 그래서 유령이 면제된 상태, 즉 유령의 이데아가 목표였다. 몸과는 정반대되는 죽은 유령이 아니라, 살아 있는 유령만 잡으면, 그래서 이것을 제거하기만 하면, 즉 모든 유령에서 면제될 수 있을 때 인간해방이 가능하다고 생각했다. 데리다는 이러한 마르크스를 두고 '플라톤의 패러독스적 승계자'(203/126)라 평가했다. 이원구조를 사용하면서 마르크스는 유령의 가상성으로부터 유령의 본질, 즉 이데아를 찾으려 했다는 점에서다. 바로 이런 이유로 슈티르너의 해결 방식, 즉 슈티르너가 고유한 몸을 소유하는 것이 최대 목표인 것이 마르크스가 보기에는 가장 큰 죄였다. 몸은 정신과 물질이라는 전통적 철학 체계 안에서 버려야 할 것으로, 정신 혹은 이데아와 정반대라고 마르크스는 간주했기 때문이다. 그래서 마르크스는 유령의 본질, 유령의 이데아를 찾기 위해 슈티르너과 마찬가지로 현상학적 방법을 택했다. 현상학적 방법이란 존재하지 않는 이원구조가 있다고 상정하고, 한쪽을 배제시키는 것이 진리, 원, 고유성, 이데아로 돌아가는 것이라고 주장하는 것이다(『입문』 162-163). 이를 위해 마르크스는 슈티르너의 '주술적 속임수'로 생성된 모든 유령들을 잡아내야 한다고 굳게 믿었다. '속임수'라는 말은 마르크스가 애용했던 말인데, 이 '속임수'는 여기서는 두 가지다. 하나는 슈티르너가 대문자를 사용해서 주장한 자신만이 소유할 수 있는 쾌 혹은 몸, 즉 에고이스트의 몸을 다시 소유했다고 주장하는 것이고, 또 하나는 유령이 생성되는 과정이다.

위 두 가지 속임수에 속지 않기 위해 마르크스 역시 현상학적 방법을 택한다. 마르크스는 유령화에 1차 과정과 2차 과정이 있다고 전제한다. 1차 과정은 헤겔의 변증법에서 곧바로 생성되는 유령화이다. 이는 굳이 비유하자면 여전히 수증기 같은 상태다. 이러한 수증기 같은 1차 과정이 지나면, 2차 과정이 발생한다고 마르크스는 전제한다. 2차 과정으로 옮겨 가면서, 비로소 유령성은 몸을 얻는다. 딱딱한 몸을 얻음으로써 비로소 유령이 된다. 여기서 몸이란 물론 슈티르너가 꿈꿨던 고유한 몸이 아니라, 전적으로 대체적 차원에서 더 소외되기 때문에, 가상성이 더 배가되어 더 추상적인 몸이다.

유령은 어떤 이에게는 보이고 어떤 이에는 보이지 않아서, 감각적이면서도 감각적이지 않다. 보인다 하더라도 온전한 의미에서 감각적인 것은 아니다. 지극히 인위적 몸, 대체물이 2차 과정에서 얻어진다. 여기에 이르면 모든 내적 사유가 전적으로 비어지고, 대신 유령의 몸은 딱딱하게 굳어진다. 이렇게 마르크스는 자신의 현상학을 설명하고 난 후, 슈티르너의 현상학, 즉 죽은 유령의 몸과 고유한 살아 있는 자신만의 몸을 대조시킨 것과 이런 과정을 통해 슈티르너라는 에고이스트가 마침내 소유했다는 몸은 주물주의에 지나지 않는다고 비판했다. 슈티르너가 자신의 고유한 몸을 되찾아, 쾌를 소유한 육체를 찾았다는 2차 과정은 슈티르너의 말과는 달리 살아 있는 삶이 아니라, 죽음보다 더 고요한 죽음이다. 딱딱하게 굳어진 이 대체물을 두고 슈티르너가 진정 나만의 육체라고 선언한 이 육체에는 정자 속에 있는 운동성 있는 생식세포(205/128)가 없다고 마르크스는 노골적인 질시를 주저하지 않았다. 슈티르너의 주장은 우화에 불과한 속임수이며, 유령의 죽은 육체를 없애고, 다시 거기에 자신의 육체를 집어넣은, 그야말로 유령성을 능수능란하게 다루는 미망주의자인 슈티르너가 고유한 육체를 얻어 낸 과정인 현상학을 비정상적·하이퍼 현상학이라고 마르크스는 질타했다. 나만의 고유한 육체 vs 유령의 죽은 육체라는 이분법에서, 반에 해당하는 후자를 죽이고 정에 해당하는 고유한 육체를 찾았다면, 이는 현상학이다. 죽은 시체에서 살아 있는 육체로 되돌아왔다면, 이원구조를 강화한 정반합의 변증법이 말하는 반에서 정으로 옮아 오는 것이다. 이는 다른 말로는 유카리스트 기적이다. 종교를 그토록 질시했던 슈티르너는 먼 길을 돌아 다시 유카리스트 종교, 즉 기독교에 의지한 것이다.

이 지점에서 데리다는 개입하며 묻는다. 슈티르너를 맹렬히 비판하는 마르크스와 슈티르너는 왜 이렇게 닮아 가는가? 두 사람의 목소리를 구분하기가 매우 어렵다는 것이다. 데리다가 『마르크스의 유령들』에서 슈티르너에게 가한 마르크스의 엄청난 양의 비판을 대폭 인용하는 이유는 이러한 비판으로부터 마르크스 자신도 결코 자유롭지 않다는 사실을 드러내기 위해서다. 마르크스는 슈티르너에게 종교성과 이원구조에서 벗어나지 못했으며, 현상학의 괄호치기와 가상의 환상의 논리, 즉 정신과 유령의 차이를 모른다고 질타했다. 그래서 마르크스 자신은 현상학과 환상학, 이 둘의 차이를 가려내기 위해 사력을 다했으나, 실패한다. 또한 마르크스는 좋은 유령과 나쁜 유령을 분류하려 했고, 원原유령을 찾으려 한 것은 이것만 제거하면, 모든 유령을 현상학적 방법으로 제거할 수 있다고 믿었지만 이 역시 실패한다. 마르크스는 그럼에도 불구하고 '우리는 두 개를 서로 분간할 수 있을 것이다' 혹은 '우리는 두 개를 반드시 구분해야만 할 것이다'라는 말을 끝없이 반복했다. 이것을 '유한적 정신착란'(259/163)에 다름 아니라고 데리다는 표현했다. 마침내 이 둘의 차이를 보았을 때, 마르크스는 이 순간을 '눈알이 빠지는 상황'(262/165)이라 표현했다. 슈티르너와의 논쟁이 너무나 집요했고, 이 결과 분명히 광기와 분노 때문에 마르크스는 현기증을 느꼈다. 그런데 보았다는 것인가, 보지 못했다는 것인가? 묘하게도 이와 유사한 표현을 하이데거도 사용했다(이 책 164).

마르크스가 여전히 이분법으로 사유했다는 증거는 또 있다. 프롤레타리아 혁명이 실패로 끝나는 것을 보고 마르크스는 현재의 혁명을 강화하기 위해 소환된 과거의 말과 마스크는 사실은 현재의 혁명에 반反해 작용했다고 생각한다. 그래서 마르크스는 혁명의 말과 혁명의 고유 내용, 그리고 다시 고유 내용과 전유된 내용으로 구분하면서, 실패한 혁명을 샤미소Chamisso 소설의 주인공(Schlemihl), 즉 그림자를 잃어버린 불행한 사람의 처지에 비유했다. 그러나 몸과 그림자라는 이분법 안에서 마르크스가 시도한 이러한 '전환, 변환, 환위'(191/117)를 통해 새 혁명의 고유 내용을 찾을 수 없다고 데리다는 지적한다. 이원구조 안에서 이 모든 뒤집기는 '마지막에는 이미지, 현상, 문체의 장식으로 화'하기 때문이다. 이분법으로는 원유령과 유령들을 구분할 수 없듯이, 첫 번째 유령과 유령의 유령, 즉 두 번째 세 번째 유령과의 구분 또한 불가능하다. 이는 '밤이 오면 모든 소는 검은 소가 되며, 모든 것이 회색이 되는' 것처럼 끊임없이 명멸하고 섞이는 환영 안에서는 어느 것이 환상이고 어느 것이 실재인가를 구분하기는 불가능하다. 셰익스피어의 『아테네의 타이먼』에 나오는 화가가 말했듯이 '검은 칠판 위에 검은 그림을 그리는 것'(130/78)에 불과하기 때문이다.

바로 이런 이유로 마르크스가 슈티르너에게 가한 모든 비판도 그 근거가 없다. 마르크스는 슈티르너가 대문자로 표기한 자아-의식과 여전히 대문자로 표기한 인간 자체가 이미 종교적인 관념임을 모르며, 이런 이유로 슈티르너는 종교가 지니고 있는 폐쇄성, 즉 '자기원인'에 갇혀 있다고 타매했다. 따라서 슈티르너는 경험적 조건들과 원인들, 그리고 물질적 근거와 계급에 의해 결정된 사회 형태에 대해 도외시하면서 설명하지 않았다고 슈티르너를 맹비난한 것이다. 왜냐하면, 이렇게 할 때만, 상상적 유령 육체의 바닥에 도달할 수 있고(207/130), 교황주의나 봉건주의의 유령들을 쫓아낼 수 있다고 마르크스는 믿었기 때문이었다. 그래서 마르크스는 슈티르너가 여전히 기독교적·형이상학

적·봉건적 틀 안에서 일종의 이상주의를 추구하고 있다
(198/122)고 일갈했다. 그런데 마르크스 역시 이상주의는 진
리라고 간주했으며(173/107), 이러한 이상은 유령과는 관계
없는 것이라고 단정했다. 마르크스 역시 '자기원인'의 폐쇄
에서 벗어나지 못했다. 그럼에도 불구하고 마르크스는 혁
명정신과 유령을 구별하려 했다(183/113). 그러나 구별할 수
없었다. 데리다는 유령을 제거하려 했던 마르크스의『공산
당 선언문』이 바로 유령에 사로잡힌 마르크스가 유령인 자
신을 쫓아내기 위해 유령을 쫓는 유령성의 수사로 시작된
다고 말한다(222/140). 마르크스는 유령을 쫓아낼 수 없다.
마르크스 자신도 수많은 유령들의 집합체의 일부이기 때문
이다. 그럼에도 불구하고 마르크스는 유령들은 부르주아
경제 범주와 결속되어 있다고 생각한다. 그리고 이러한 결
속과 끝을 낼 수 있다고 생각했다. 유령의 정신착란 증세인
시장의 경제 효과, 즉 유령성과 끝을 낼 수 있다고 확신했
다. 그리고『자본론』에서 마르크스는 상품가치의 모든 신
비는 상품생산에 근거하고 노동생산의 주위를 둘러싸고 있
는 모든 마술과 강신술은 노동생산이 다른 형식을 취할 때

사라질 것이라고 굳게 믿었다.

　다른 한편으로는 마르크스는 유령과 정신을 구별할 수는 없는 이유를 너무나 자명하게 알고 있었다. 유령Gespenst, spirit의 의미론은 이미 정신Geist, spirit의 의미론으로 가득 차 있으며, 혁명정신, 실제 현실, 생산적 혹은 재생산적 상상력, 유령, 환영 등을 각각 구분하려 했으나, 이들 사이에도 견고한 경계가 없으며, 역사와 삶의 모든 것이 끊임없이 명멸하는 만화경 속 환영임을 마르크스는 너무나 잘 알고 있다고 데리다는 지적한다. 이뿐만이 아니다. 슈티르너가 모든 것이 유령이고 우리를 구속하는 것이라고 천명한 것처럼, 마르크스 역시 우리 인간은 몸을 팔아 그림자만을 지키고 있는 사람, 즉 유령이라 했다(191/117). 철학에서 말하는 '사건' 또한 마찬가지임을 마르크스는 확연히 알고 있었다. 따라서 마르크스 자신도 남의 마스크를 쓰지 않으면 안 된다는 것을 알았고, 그래서 베스트팔렌Ludwig von Westphalen에게 아들로서의 효성을 표시하면서, 그의 마스크를 썼다. 또한 모든 철학적 관념과 종교 역시 유령성에서 벗어나지 못하고 있음도 자명하게 알고 있었다. 잘 알고 있었음에도 이원구조를 사용한 것은 그 역시 형이상학적 욕망에서 면제되지 않았다는 말이다. 형이상학적 욕망이 버려야 할 나쁜 것은 결코 아니다. 다만 이원구조에 의지해 이를 구하려는 것은 '자기원인'의 폐쇄를 만드는 이원구조 속에서 영원히 갇힌 채, 맴돌기만을 무한 반복할 수밖에 없음을 데리다는 초기 그의 학술저서에서 샅샅이 들추어낸 것이다. 이러한 데리다의 분석과 평가로부터 마르크스 역시 예외가 될 수 없었다. 데리다는 마르크스를 두고 이원론자인 동시에 이원론자가 아니라고 했다. 이러한 지적은 데리다가 그의 많은 학술저서를 통해 해체했던 수많은 서구 철학자들, 문학자들, 정신분석학자들, 인류학자 레비스트로스에게도 그대로 적용한 말이다.

마르크스가 상품가치와 생산가치를 구별하려는 것이 의미하는 것은 주술적 유령성과 끝을 보겠다는 모험에 찬 일종의 내기였다. 데리다는 마르크스의 이러한 노력과 문제제기를 두고 가장 존재론적이며 가장 중요하고 가장 모험적인 것이라고 하지만, 이러한 문제제기 자체가 문제 자체를 보호한다고 지적한다. 동시에 이원구조에 터한 상품가치 vs 노동생산에서 상품가치를 제거하려는 마르크스의 노력은 죽음을 불사하는 위험에도 불구하고 좀처럼 앞으로 진전되지 않았다. 그 이유는 유령을 쫓기 위한 마술적이고, 강박적인 형식화에서 여전히 주술 과정에서 도출된 형식들을 마르크스가 사용(273/165)하기 때문이다. 마르크스는 '참호를 파고, 주위에 경계를 표시하고, 방어를 증가시킨다. 재앙을 쫓기 위한 강령술의 방패, 즉 유령술의 보호 아래 이원구조를 사용하는 전략과 이원구조에서 태어난 보초병, 즉 유령을 보내 이의 영토를 표시한다. 이 과정에서 마르크스는 자신이 했던 문제제기를 조심스럽게 부정하고 쫓아낸다'고 데리다는 표현했다. 문제제기problema는 방패, 무기, 성城, 즉 방어 장소로, 보호의 도구를 뜻하는 동시에, 미래로부터 오는 조사를 위한 책무라는 뜻임을 데리다는 상기시킨다. 마르크스는 상품가치와 생산가치를 구별해 내려는 과정에서 이 모두를 했다는 것이다. 즉 마르크스는 미래로부터 오는 문제제기를 하면서 동시에 이 문제를 보호했다는 말이다. 그러나 마르크스의 문제제기는 미래에서 오는 문제이기 때문에, 자본제하에 있는 우리가 지금 궁구해야 할 문제라고 데리다는 강조한다. 데리다가 강조한 이토록 중요한 책무에 마르크스는 전력투구했으나, 실패했다. 이원구조에 옥죄여 있었기 때문이다. 마르크스는 비판적인 동시에 매우 중요한 문제제기로 계속해서 유령들에 대항해서 싸우지만, 유령들에 대해서도 그리고 이 문제제기 자체에 대해서도 두려움을 느끼고 포기한다. 마르크스는 자신이 한 문제제기를 조심스럽게 부정하고 주문을 외고 문제 자체를 쫓아낸다. 유령을 쫓기 위해 마르크스가 가지고 있었던 것은 허구이자 유령성의 이원구조에서 태어난 유령뿐이었기 때문이었다.

데리다는 마르크스와 슈티르너, 이 두 사람 사이에 오갔던 무수한 작화 바로 밑에 두 사람의 근접성이 숨어 있음(210/132)을 드러낸다. 데리다는 마르크스가 슈티르너에 대한 공격과 추격을 다음과 같이 기술했다: 마르크스는 슈티르너에게 투창 던지기를 절대 중단하지 않는다. 마르크스 자신이 상처가 나 피가 나올 때까지 멈추지 않는다. 마르크스는 자신의 희생자, 즉 마르크스 자신과 슈티르너를 끝까지 가만히 놓아 두지 않는다. 그 자신의 희생을 멈추지 않는다. 그는 유령 사냥에 고통스럽게 결박되어 있다. 슈티르너를 사냥하려는 마르크스의 필사적이며 무자비한 추적은 살아 있는 듯한 죽은 유령으로 미끼와 덫을 놓는다. 유령을 잡기 위해 유령을 미끼로 놓으면 유령을 잡을 수 없다. 급기야 마르크스는 자신에 대해서 겁이 났다. 왜냐하면 마르크스는 자신이 자신과 너무나 닮은 자를 추격하고 있다는 것을 알았기 때문이다. 마르크스와 슈티르너는 서로의 형제, 더블, 악마적 이미지, 유령이다. 둘은 이러한 관계에 있으면서도 마르크스는 슈티르너와 차이를 드러내고자 했다. 그 차이란 자신과 슈티르너를 대조시키는 것이었다 (223/139). 이 상황을 두고 데리다는 헤겔의 그림자가 길게 그리고 짙게 이 두 사람에게 드리워져 있었고, 헤겔의 뒤를 따라 데카르트와 칸트는 말할 것도 없고 유카리스트적인 나르시시즘까지도 이 두 사람에게 되돌아오고 있다고 했다. 유령의 주요 속성이 되돌아오는 것이다. 『햄릿』에서 햄릿 선친의 유령이 집요하게 되돌아오듯.

슈티르너가 대문자를 사용해 인간이라고 한 것을 두고 많은 사람들은 피히테 Johann Gottlieb Fichte(1762-1814)와 비슷하다고 간주한다. 피히테는 실천적 자아를 통해 유한적 자아의 상태를 극복, 무한적 자아로 나아간다고 주장한 관념론자다. 그러나 슈티르너 자신이 추구했던 자신만이 소유한 에고이즘을 대문자로 표시한 인간 역시 유령(120/133)이라고 데리다는 평가한다. 모더니스트들은 모두 대문자를 사용했다. 이는 근거·원·고유성 등을 최후에는 확보할 수 있다는 신념 때문이었다. 슈티르너도 예외가 아니었다. 위에서 우리는 슈티르너와 마르크스 사이에 있는 동일한 근거와 근접성에 대해 지적했다. 이 말은 헤겔의 관념이 지닌 일련의 위장을 슈티르너는 독단적으로 받아들이고, 비자아인 유령성을 살아 있는 육화된 개인 혹은 자아로 착각, 이것으로 자신을 재전유하면서, 세상 속에서, 혹은 서양 철학사에서 자신의 위치를 구축하기 때문이다. 이렇게 하면 자신의 자아가 정립된다고 슈티르너는 생각했다. 이 결과 슈티르너는 가장 막강한 유령인 헤겔의 계보학에 편입되었다. 이렇게 해서 슈티르너는 헤겔을 철저하게 이해하지 못했지만, 헤겔주의를 따랐다고 데리다는 지적한다.

그런데 이런 일은 매우 흔한 일이다. 헤겔 텍스트를 철저하게 읽지 못하면 이렇게 되기 때문이다. 슈티르너는 헤겔 현상학에 대한 역사적·계보학적 접근을 몰랐고, 모든 종교가 여전히 경험주의에서 벗어나지 못했듯이, 헤겔 철학이 뒷받침하고 있는 기독교 역시 경험주의에 예속된 것임을, 따라서 기독교도 이 자체의 고유 역사가 없다는 사실, 그리고 모든 종교가 그러하듯, 절대 텍스트라고 간주되어 온 『성경』역시 고대 신화와 타종교와의 상호텍스트성, 즉 잡종성을 지니고 있다(『글라』)는 사실을 슈티르너는 몰랐기 때문에, 마르크스보다 훨씬 쉽게 헤겔의 계보에 스스로 이입되었다. 경험주의란 '차연'처럼 항상 그 대상과는 관계없는 잡종적 대체물로 구성·결정되는 폐쇄 속에서의 자체적·자동적인 동시에 타동적 효과(『입문』 122-124)에 불과한 것인 줄 몰랐기 때문에, 별 저항 없이 슈티르너는 헤겔 철학의 유령성을 자신의 몸 안으로 혹은 내재적으로 받아들였다.

슈티르너는 절대정신 대신 개인의 에고이즘과 나 자신만이 소유할 수 있는 쾌를 선택함으로써, 헤겔이라는 가장 강력한 유령의 반대 자아가 되었다(199/123). 그러나 반대가 된다는 것은 곧바로 이원구조 안으로 종속되는 것이다. 왜냐하면 헤겔은 모든 사유는 정과 반 이외에는 존재하지 않는다고 했고, 이렇게 되면, 헤겔의 정이 되든 헤겔의 반이 되든, 둘 다 여전히 헤겔의 틀 안에 있기 때문이다. 이렇게 해서 슈티르너는 헤겔의 『정신현상학』, 즉 『성경』의 또 다른 제목이자, 서구의 책을 대표하는 '유일무이한' 책 안으로 이입된 것이다. 변증법의 체계가 환상(217/136)이며, '정신이란 당신의 몸을 점령한 유령'이라고 헤겔 자신이 스스로 한 이 말을 슈티르너는 놓쳐 버렸다고 데리다는 지적한다(197/122). 그러나 슈티르너와는 대조적으로 매우 꼼꼼한 헤겔 독자인 마르크스는 이 사실을 포착했고, 그래서 망설임과 저항이 슈티르너보다 훨씬 길고 끈질겼다. 그럼에도 불구하고 마르크스 역시 헤겔 유령에 현혹당한다. 위에서 보았듯이, 마르크스가 이분법을 믿었던 증거는 풍성하고 편재하기 때문이다.

유물론은 기독교의 정신주의를 거꾸로 뒤집어 놓은 것이어서, 여전히 이원구조 안에 있다. 이원구조를 극복한다는 것은 이원구조를 거꾸로 뒤집는 것이 아님을 데리다는 여러 곳에서 밝혔다. 마르크스의 유물론은 기독교가 말하는 구원을 사후 내세에서가 아니라, 현실에서 구현하려 했다는 점에서 정반대인 것 같지만, 여전히 종말론이었다. 바로 이런 이유로 계보학적으로 마르크스의 유물론은 헤겔의 정신현상학과 맞닿아 있으며, 헤겔의 현상학은 다시 기독교와 연계된 것으로 헤겔의 정신주의와 마르크스주의는 서로 정반대이지만, 동일하다(210/133).

마르크스가 슈티르너를 향해, 유령에 되잡힌 인물이라고, 광기에 이른 분노를, 때로는 악의를 가지고 비판한 이유는 슈티르너가 마르크스 자신보다 더 먼저, 더 오랫동안 유령을 제거하려 했기 때문이다(222/140). 일종의 경쟁의식이기도 했지만, 슈티르너의 모습에서 자신 속의 유령을 보고 생기는 공포 때문에서였다. 마르크스는 알고 있었다. 슈티르너가 자기와 너무나 비슷하다는 사실을. 마르크스는 자신에 대해 느끼는 공포와 불안감에 정비례해 슈티르너를 공격했다. 데리다는 이 두 사람의 관계를 '반영적 반영'(171/105)이라 했다. 둘 다 형이상학의 이원구조 안에 있고, 둘 다 헤겔의 아들이었다. 데리다는 마르크스의 성을, 그러나 슈티르너는 성 대신 이름을 나란히 병치함(Marx와

Max)으로써 둘은 서로의 더블·모조·유령임을 선명하게 드러내고자 했다.

3. 후쿠야마: 헤겔의 손자

자본주의의 승리를 자축하며 낙천적 전망을 펼친 후쿠야마의 저서 『역사의 종말』은 '기회주의적이며 날렵한 속임수'(118/69)이며, 작금의 자본주의가 드러내는 엄청난 재앙에 대해 '무감각하며, 경솔하기 짝이 없다'(138/78)고 데리다는 힐책했다. 모든 독단주의와 모든 유령론이 그러하듯, 『역사의 종말』 역시 상당한 근심을 지니고 있지만, 이를 감추고 있다는 것이다. 그러나 어쩔 수 없이 겉으로 드러나기 때문에 진정 더 걱정이 된다고 데리다는 말한다(97/56). '철학의 종말', '인간의 종말' 등 이러한 종말론은 늘 유포리아와 연계되고 이러한 유포리아는 데리다 자신을 불안하게 만든다고 밝힌 바 있다. 이러한 종말론은 프랑스에서 상당한 붐을 일으킨 것이지만, 대체로 현실에서 드러나는 모든 문제와 불의를 감추기 위한 것이라고 데리다는 타매한다.

'새 복음이자, 가장 시끄럽고, 미디어에서 조명을 가장 많이 받았고, 가장 많은 호응을 얻은 이『역사의 종말』의 요지', 즉 천년지복설, 인간의 역사가 끝나고 종말이 온다는 후쿠야마의 가설은 인간의 모든 것의 원천과 근거는 역사라고 생각해서 역사를 가장 귀중히 여기는 데리다의 신경을 심하게 거슬리게 했던 것 같다. 특히 이러한 종말론은 세계대전이 가져왔던 엄청난 재앙과 죽음을 슬쩍 덮고 지나갈 뿐만 아니라, 자본주의가 드러내는 재앙을 눈앞에서 보고도, 이제는 모든 것이 다 잘될 것이며, 이 모든 것이 잘되게 하는 것은 신복음주의이며 자본주의라고 후쿠야마가 주장하는 것에 대해 데리다는 참을 수 없었던 것 같다. 데리다는 후쿠야마를 '신복음주의를 전하는 이 인물', '기독교의 이 거물'(100/60)이라고 두어 번씩이나 불편한 심기를 여과 없이 드러낸다. 후쿠야마는 이원론자인데, 이러한 이분법으로는 마르크스주의와 자본주의의 폐해를 설명해 낼 수도 수정할 수도 없다고 데리다는 질책한다. 데리다는 이분법 대신, 유령성과 연결시켜야 함을 역설한다(118/69). 여전히 이원론자인 후쿠야마는 마르크스와 헤겔 중, 헤겔을 택하기 때문에 문제가 더 심각하다는 것이다. 왜냐하면, 경험세계에서 진행되는 재앙에 대해 그를 더욱 무감각하게 만들거나, 혹은 애써 모른 체하도록 만들기 때문이라는 것이다.

이원론자인 후쿠야마는 복음주의의 이분법인 두 기둥을 설치하는데(103-105/62-63), 이 두 기둥은 '태곳적인 것 중에서도 태곳적인 것'(118/69)이라고 데리다는 말한다. 3,000년 동안 사용해 온 이원구조를 여전히 사용하기 때문이다. 두 기둥의 하나는 모든 재앙과 종교 전쟁, 그리고 20세기가 목도했던 세계대전, 홀로코스트, 나치즘, 스탈린주의, 제노사이드 등이 벌어졌던 경험적 현실세계, 그리고 또 다른 기둥은 이러한 재난에 대해 심각하게 문제 삼지 않거나 모른 체하는 것은 결국 인간 역사가 다 끝나고 난 후, 천년지복설이 온다는 이상적 형이상학이라는 기둥이다. 역사적·경험적 현실 vs 목적론적·신학적 초월주의, 이 두 세계가 결국은 합쳐져 지복의 세계와 시간으로 바뀐다는 것인데, 이것이 후쿠야마가 말하는 역사와 인간의 종말이다. 그러나 경험적 세계와 이상적 세계, 이 둘을 칸트도, 헤겔 자신도, 그어느 철학자들도 연결시키지 못했다. 그러나 후쿠야마는

'복음주의의 두 쌍둥이 기둥'인 이분법 사이를 마치 아무런 노력이나 분석 없이 마음대로 왔다 갔다 할 수 있다고 전제하고 자신의 논지를 전개한다. 아마도 후쿠야마는 속으로 '오로지 믿음만으로!'를 외치지 않았을까? 그러나 결코 믿음만으로는 연결되지 않는다. 이원구조 자체가 허구이기 때문이다. 후쿠야마의 이런 식의 자유왕래는 변증법이 서로 반대된다고 정과 반으로 정해 놓고는 사실은 서로 자유자재로 넘나든 것(『입문』171)을 그대로 따른 것이다. 이원구조가 허구이니, 넘나들고 합쳐진다는 이상주의 역시 가상이다. 그럼에도 불구하고 후쿠야마는 경험적 세계에서 벌어지고 있는 모든 어려움과 난제들은 이상적 해결로 마무리된다고 확신한다. 그리고 이렇게 될 수 있게 하는 것이 자본제 자유 민주주의라고 말한다:

> 자본제 자유 민주주의는 통합적이며 유일한 정치적 영감으로 이 지구상에 남게 된다. (99/57)

또한 이 자본제 자유 민주주의는 작금의 자본제 자유 민주주의가 드러내는 결절된 상황을 '영원한 현재', 즉 천국으로 바꾸어 준다(122/72)는 것이다. 이러한 후쿠야마의 담론, 즉 『역사의 종말』의 논리는 신복음주의로 이미 사전에 미리 정해진 것을 기술한 것이다. 이런 이유로 구체성과 현장성에 대한 탐구도 없으며, 미래를 향한 그 어떤 발판도 제시되지 않았다. 내용과 형식이 완전히 텅 비어 있다. 이러한 후쿠야마의 복음주의는 데리다가 중시하는 지금의 현장성과 여기의 정치성, 법, 형식, 그리고 내용을 완전히 비워 버린다. 이렇게 되면 역사성을 취소하고, 후쿠야마가 뜻하는 것과 전혀 다른 의미에서 인간의 역사는 끝이 난다고 데리다는 말한다(125/69). 작금의 자유방임 자본주의가 드러내는 엄청난 재앙을 목도하면서도 자본제 민주주의가 지상의 낙원, 영원한 현재를 가져다준다는 유포리아를 주장하는 이러한 종말의 철학 혹은 종교는 늘 매스미디어를 등에 업고 엄청난 호응을 얻는다는 사실도 데리다는 덧붙인다. 후쿠야마의 주장은 '가장 맹목적이며 가장 우스꽝스러운 환청, 혹은 심지어 점점 그 도를 더해 가는 가장 현란한 정신착란'(134/80)이라고 데리다는 가차 없이 힐난했다. 데리

다가 현 자본제를 고수하며 기득권을 쥐고 있고, 후쿠야마
를 위시해 마르크스를 영원히 땅에 묻으려고 하는 사람들
을 통틀어 '신성 연대'라 칭했는데, 이 말은 마르크스가 그
당시 교황을 위시한 자본주의자들을 통칭했던 말이다. 즉
구시대의 가치와 체제를 유지하는 사람들이라는 뜻인데,
후쿠야마가 이런 부류에 속하는 사람임을 데리다는 분명히
적시했다.

3장
유령

1. 유령이란 무엇인가?

일반적으로는 환幻 혹은 가상을 의인화한 것이다. 우리나라 사람들은 '인생은 일장춘몽'이라 한다. 또는 장자의 나비의 꿈을 언급하며, 삶 자체가 환 혹은 꿈이라 말한다. 불교에서 선문답처럼 던지는 '너는 어디에 있는가'라는 질문은 고유한 나는 존재하지 않음을 전제한 것이다. 또한 불교는 우리 모두가 망집 안에서 살아가고 있다고 했고, 인연화합에 의해 현실이 만들어지는데, 우리에게는 너무나 생생한 이 현실 혹은 실체를 가유假有라 했다.

서구에서도 유령 혹은 환에 대한 인식이 있었다. 플라톤 『대화편』의 『티마이오스』와 『파이돈』에서 이미 언급되었다. 여기서 소크라테스는 죽었으나 살아 있는 듯한 '환영', 혹은 죽은 영혼이 이데올로기와 다르지 않으며, 죽은 영혼이 죽은 자와 함께 있지 않을 때는 산 자와 함께한다는 사실, 그리고 유령은 항상 돌아온다는 것임을 언급하고 있다 (234/147). 셰익스피어는 『당신 좋으실 대로』(1599-1600)에서 '이 세상은 극장무대이고 모든 남자와 여자는 배우에 불과하다'(II vii 139-140)고 했다. 배우란 자기 자신이 아니라, 무대 즉 허구의 공간에서 극 중의 인물인 남을 모방하는 사람이다. 유령에 다름 아니라는 뜻이다. 이를 표현하기 위해 포스트구조주의에 와서 프로조포포에이아prosopopoeia라는 말이 빈번히 사용되었다. 학인들은 공부를 평생 한다고 하지만, 결국 죽은 자들의 생각의 틀과 어휘들과 씨름하다가, 이것도 다 이해하지 못한 채, 세상을 떠난다. 그래서 죽은 자를 결코 산 자가 죽이지 못하며, 죽은 자 역시 산 자들을 죽이지 못한다. 공존하고 있는 것이다. 『햄릿』에 나오는 무덤 파는 사람처럼 죽은 자의 해골을 들고 죽은 자가 사용했던 말을 읽어 내는 것은 특히 지식인과 학자들의 중요 활동이다(186/114). 산 자들은 죽은 자들(타자)의 말을 사용하고 부지런히 배우지 않으면 안 된다. 이것이 우리가 오랫동안 받아야 하는 학교교육이다. 이 결과 분명 내 몸은 내 몸이지만, 내 몸과 내 머리는 주로 죽은 자의 생각에 따라 생각하고 남의 생각에 따라 내 몸은 움직인다. 나 아닌 타자, 즉 환, 유령, 망집, 이데올로기, 언어, 종교 등이 나를 조종하고, 나는 조종당한다. 우리나라 사람들도 인생은 '꼭두각시놀음'이라 한다.

우리가 습득하고 배우는 모든 지식과 개념, 생각, 그리고 신념과 종교까지도 일종의 우상임을 구체적으로 말한 사람은 F. 베이컨이다. 그는 네 가지 이돌라idola, 즉 환영 혹은 우상이 있다고 했다. 종족의 이돌라는 자연의 의인화나 목적론적 해석을 말하며, 동굴의 이돌라는 개인의 특이한 습성이나 성질 때문에 보다 폭넓은 인식을 거부하는 것이고, 시장市場의 이돌라는 우리가 사용하는 언어에 의해 영향을 받는 것이다. 니체의 출현과 '언어적 전회'는 이미 오래전에 예기된 것이었다. 그리고 극장의 이돌라인데, 스스로 생각하지 않고 전통이나 기존의 생각을 맹목적으로 믿고 따르는 것이다. 여태까지의 철학(신학)은 모두 무대 위에서 가공된 것이라 주장한 사람은 『리바이어던』(1651)을 쓴 T. 홉스였다. 그는 '교황주의라는 유령이 유럽을 배회하고 있다'고 했다. 그 당시 영국의 정치적 상황은 교황주의라는 유령 혹은 환이 그 당시의 현재를 먹고 있는 형국이었다. '유령주의를 확산시키는 자들로 홉스가 지목한 사람들은 다음과 같다. 잘못된 교설들을 가르치는 장로 교인들, 가톨릭 교인들, 조합 교회파 사람들, 재침례 교인들, 그리스와 로마의 정치 이론에 물든 교육을 받은 지식인들과 군주정치를 전복시키면 살기가 더 나아질 것이라 생각하여 후진국의 반란에 고무된 런던 사람들, 그리고 기회주의자 등이었다.' 그리고 '다수를 속이는 일이 그들 가운데 한 사람을 속이는 일보다 더 쉽다'(김용환 128, 129).

개인만이 유령화되는 것이 아니다. 사회 경제를 논하면서, 유령이란 말을 처음 사용한 사람은 슈타인Lorenz von Stein (1815-1890)이다. 마르크스의 『공산당 선언문』은 '유럽은 지금 공산주의자들의 유령에 사로잡혀 있다'로 시작된다. 『독일 이데올로기』에서 마르크스는 종이가 금으로 바뀌는 과정인 화폐통화를 철학에서 말하는 이상화의 과정으로 비유했으며, 이를 마술에 다름 아니라고도 했다. 또한 『정치경제에 대한 비판』에서 마르크스는 이것을 귀신이라 칭하는가 하면, 거대한 이름의 그림자, 환영, 유령, 표면으로 간주했다. 금Geld, 정신·유령Geist, 탐욕Geiz·Gaz이 동일한 어근에서 출발된 것같이, 이것들은 서로 불가분의 관계에 있음도 마르크스는 인지했다(81/46). 데리다는 『독일 이데올로기』를 '유령의 역사학', '정치적 유령과 환영의 계보학', 더 정확하게는 '환영의 세대들의 아버지 논리'이며, '철학사에서 가장 거대한 환영기계'라 평가한다. 마르크스는 '유령의 무리가 인문학의 역사'(175/107)라 했다. 슈티르너는 모든 관념, 종교를 두고 '이것은 유령화된다'고 했다. 데리다는 이 말을 번역하기가 어렵다고 토로한다(272/172). 왜냐하면, '유령화된다'라고 하면 유령이 아닌 것에서 유령이 되었다는 말인데, 사실은 그렇지 않고, 변화의 순간이 너무나 즉각적이어서 전혀 포착되지 상태에서 유령이 되기 때문이다. 서구 현대 드라마의 양대 산맥인 입센은 『유령』(1881)을, 그리고 스트린드베리August Strindberg(1849-1912)는 『유령 소나타』(1907)를 쓴 것을 보면, 유령은 현대에 들어와 서구인들의 화두가 된 것은 분명해 보인다.

데리다는 『마르크스의 유령들』을 집필하기 이전, 초기 때부터 유령이란 말을 많이 사용했다. 『글쓰기와 차이』에서 구조주의가 말하는 구조를 사람이 살지 않는 유령의 집이라 했고, 『그림엽서』(1980)에서는 프로이트를, 그리고 『정신에 관하여』(1987)에서는 하이데거가 말하는 정신을 유령으로 비유했으며, 『그림 속 진리』(1978)에서는 '그림 속의 진리는 말을 한다'고 한 하이데거의 말을 두고, 데리다는 '그림이 귀신인가 보다. 말을 한다고 하니'라고 패러디했다. 데리다는 『글라』에서 헤겔의 말 '사물은 항상 정신, 유령으로 변할 것'을 인용한다. 절대정신을 말한 헤겔 역시 정신은 유령이라는 사실을 알고 있었고, 칸트 역시 그러했다. 슈티르너와 마르크스는 신, 본질, 종교 같은 추상적 개념들과 이데올로기, 그리고 이것을 섬기는 개인 혹은 인간도 유령(72-73/40-41)이라 했다.

마르크스와 슈티르너는 유령을 환으로 간주했기 때문

에, 이를 쫓아내고자 사력을 다했고, 다음과 같이 10개의 주요 유령을 제시하면서 유령의 계보학을 작성했다(227-234/143-146):

① 첫 번째 유령: 하나님, 즉 신으로 '도저히 믿을 수 없는 신념'에 단 1분도 낭비해서는 안 된다고 마르크스와 슈티르너는 말했다. 신념의 본질이란 전적으로 믿을 수 없는 것이 그 본질이기 때문이다.

② 두 번째 유령: 존재 혹은 본질로 첫 번째 유령보다 계급이 아래다. 이는 여전히 존재신학에서 그 생명을 면면히 이어 가고 있다.

③ 세 번째 유령: 세상의 허영심이다. 소위 우리가 흔히 말하는 '쉽게' 혹은 '가볍게'라는 말로 취급되는 것이다. 더 가벼운 것은 속이 더 비어 있는 것이다. 이 역시 존재하지 않는 것이다. 세상의 허영심은 존재하지 않는 것과 연결된다.

④ 네 번째 유령: 모든 종류의 천사들과 악마들이다.

⑤ 다섯 번째 유령: 네 번째 유령까지는 비경험적 세계에 속하고, 다섯 번째 유령부터는 경험세계에 속한다. 여기서 마르크스는 이원론자다. 비경험 vs 경험이라는 이원경

계를 설정하기 때문이다. 이 다섯 번째 유령은 경험적 존재·유령이기 때문에 구체적인 영역·제국을 소유한다. 그것은 십계명판Table에 근거한 복음주의와 칸트의 계기판Table에 의해 생성되는 인식, 즉 환이다. 칸트는 오성의 네 범주(계기)인 분량, 성질, 관계, 그리고 양상으로 짜인 계기판·형식화를 통해 대상에 대한 인식이 우선 필요하다고 했다. 철학사에서는 이를 '코페르니쿠스적·선험적 전회'라 한다. 계기판을 통해 형식화된 인식을 칸트 역시 표상·가상이라 했다. 따라서 마르크스가 이를 환·유령으로 간주한 데는 별 새로운 것은 없다.

그렇다면 십계명에 있는 법은 왜 유령인가? 법은 모든 사람들에게 적용되는 것이기 때문에 나만의 고유성은 원천적으로 그리고 자동적으로 박탈된다. 나만의 언어가 존재하지 않듯이, 나만의 법도 존재하지 않는다(카프카의『법 앞에서』). 법은 이런 면에서 나라는 개인에게는 원천적으로 언어만큼 자의적 폭력성을 지닌다. 모든 법, 형식, 구조, 체계가 이러하다. 십계명 판이 신 자체를 드러내는 것이 아니듯, 유령들의 생성과 본질을 규명하려고 만든 마르크스의 유령판Table도 유령의 이데아를 드러내지 못한다. 마찬가지로 칸트의 계기판을 통한 우리의 인식 역시 가상에 불과하기 때문에 물자체로 이어지지 않는다. 따라서 이 셋은 상동하여 유령이 된다.

⑥ 여섯 번째 유령: 존재들이다. 물론 이는 다섯 번째 존재로부터 왕성하게 생산된 자손들이다. 다섯 번째 유령의 변신과 즉흥적 생산을 통해 가능해진 것들이다.

⑦ 일곱 번째 유령: 인간과 신이 연결된다는 개념이다. 이것은 정과 반이 합쳐진다는 변증법의 논리에 터한다. 아니, 기독교의 논리에 변증법이 따라가고 있다고 하는 것이 정확할 것이다. 하나님의 아들 예수가 이 세상에 내려왔다는 개념이다. 이 개념을 뒷받침하는 변증법이 주장하는 정과 반의 사이를 잇는다는 경첩charnière은 가장 강력한 미끼acharnement이기에, 분노에 찬 마르크스의 열변을 유발시켰다. 슈티르너와 마르크스는 일곱 번째 유령에 대해 가장 길게 언급했다. 예수는 유카리스트적인 순간을 통한 신의 육화다. 2,000년 이상 검은 상복을 입고 아직도 예수의 죽음을 애도하는 사람들이 수없이 많이 있기 때문에, 특권을 지

닌 유령의 육체화이다. 바로 이런 이유로 예수는 가장 강력한 유령이 된다. 슈티르너는 예수야말로 가장 이해하기 어려운 유령이며, '이 유령으로 인해 가장 강력하고 가장 강한 기독교인들은 가장 무서운 고통을 지니게 되었으며, 이토록 정신적 고뇌를 야기한 유령이 없었다'고 했다.

⑧ 여덟 번째 유령: 인간이다. 바로 우리이기 때문에 우리와 가장 친숙한 유령이지만, 동시에 가장 기괴하다. '기괴하다'는 단어는 프로이트가 무의식을 기술할 때 사용한 말로, 뇌리를 결코 떠나지 않고 상주하면서 우리의 의식을 사로잡는 강박관념 같은 것이다. 우리 인간이 가장 기괴하다? 무슨 뜻인가, 그리고 왜? 우리가 가장 친숙하다고 간주하는 것들이 우리의 정신을 가장 많이 혼란과 고통에 빠뜨리기 때문이다. 어린 심청을 인당수 바닷속에 빠뜨리는 것은 그 당시 용인되었던 친숙했던 윤리다. 그러나 지금 생각하면, 공포를 유발하는, 기괴한 폭력을 효로 간주, 조선시대 사람들은 친숙한 것으로 받아들였다. 받아들였지만, 자신도 알게 모르게 고통을 받고 공포에 떨었다. 어린 심청이가 바다에 빠지기 직전을 상상해 보라. 수많은 이데올로

기, 윤리, 법, 종교, 정치제도는 사실은 지배층의 지배를 영속화하기 위해 고안한 것들이어서 나 개인만의 독특한 고유성과는 아무 상관이 없거나, 혹은 전적으로 상충하고 있기 때문에, 독특한 개인인 나에게는 기괴한 폭력을 지니고 있다. 내가 사용하는 우리의 언어도 일종의 폭력이다. 나만의 언어가 없다. 바로 이런 이유로 슈티르너는 '경제적 혹은 자아-논리적 자아는 이의 거주지인 집oikos에 산다'고 했다. 이렇듯 자신과는 상충되어 기괴한 것들이지만, 우리는 친숙한 것으로 받아들이기 때문에 슈티르너는 인간이 가장 이해하기 어려운 유령이라 했다. 기괴한 것을 받아들이고 친숙한 것으로 여기게 된 경위는 오랜 세월 동안 교육과 벌로 훈련되고 종교와 예술까지 은은하고도 강력한 배경으로 공모했고, 이에 따르지 않으면 엄청난 불이익이 따랐기 때문이다. 이 결과 인간은 공포를 일으키는 기괴한 것들을 자신 내부의 고유하고 친숙한 비밀로 간주하고, 착각하며 산다. 유령인 인간이 사는 집은 그리스어로 oikos다. 이 단어에는 '친숙한'과 '기괴한'이라는 상반되는 두 가지 뜻이 있다고 한다. 수없이 많은 유령들에 의해 유령이 된 인간은 바로 이런 이유로 스스로에 대해 공포를 느끼게 된다. 모든 인간을 통해 유령성을 보게 되기 때문이다. 그는 스스로 매우 불편해한다. 본질과 현상으로 갈라진 사실이 인간이라는 유령에게 평화를 허락하지 않는다(232-233/145)고 슈티르너는 주장했다.

바로 여덟 번째 유령인 슈티르너는 유령을 제거하기 위해 유령인 자신을 끝까지 사냥했고, 이 사냥이라는 이름으로 자신을 끈덕지게 책망하고 학대했다. 이미 슈티르너의 머리는 터지게 되어 있었다. 불가능한 꿈이었기 때문이다. 우리는 유령을 결코 제거하지 못한다. 마르크스의 말이다: '모든 죽은 세대의 전통이 악몽처럼 산 자의 머리를 짓누르고 있다.'

⑨ 아홉 번째 유령: 국민정신으로 국가 건국 이념을 뜻한다. 이것은 국가주의와 연계되어, 국민들을 결속시키기 위해서 건국자의 유령은 이야기 속에서 항상 돌아오며, 이의 생명을 유지하고 있다.

⑩ 열 번째 유령: 계몽정신에 속하는 모든 것이 유령이다. 따라서 유령이 너무 많기 때문에 세는 것을 멈추어야 한다.

그러나 마르크스는 다시 센다. 왜냐하면, 또 다른 종류의 유령들이 있기 때문이다. 이야기 속, 우화 속, 그리고 고딕소설에 나오는 유령들도 있다. 계몽주의까지 유령이라 하면서 계몽주의를 유지하면서, 계몽주의란 유령을 믿지 않으며, 이 유령이 있다면, 제거해야 하는 것이라고 믿기 때문이다. 그러므로 유령의 수를 세는 세앙스(이 책 80-86, 138-139)는 계속된다고 데리다는 패러디한다. 첫 번째 유령, 두 번째 유령, 세 번째 유령 … 유령들을 통제·분석·관리할 수 있는, 계몽주의적 제스처를 취하면서, 계몽주의를 포함한 모든 것을 유령이라고 간주한 슈티르너와 마르크스가 계몽주의적 관념, 믿음, 그리고 태도로 접근하고 있다. 두 사람의 목적은 유령을 제거하는 것이었다(210/132). 이 또한 유령과 유령이 아닌 것, 즉 본질을 찾으려 했다는 것 역시 형이상학적 이분법에 여전히 이 두 사람이 터하고 있었다. 슈티르너와 마르크스는 더 이상 유령을 순서대로 셀 수 없다는 것을 알았다. 모든 것이 유령이다. 신, 개념, 성령, 선의의 목적까지도 유령임을 두 사람은 너무나 선명하게 알았다.

데리다는 이름을 밝히지 않은 채, 위 리스트에서 중요한 유령 하나가 빠져 있다고 넌지시 말한다. 물론 마르크스다. 데리다는 마르크스가 유령을 왜 10개로만 국한시켰냐고 물으면서, 마르크스의 손가락이 열 개뿐이라 더 이상은 셀 수 없어서 그런 것이 아니냐며 슬쩍 농담을 던진다. 마르크스가 군이 10개의 유령을 선별한 이유는, 마르크스의 유령 계기판Table이 십계명Table이나 칸트의 계기판Table처럼 중요하다는 사실을 암시하려는 심리가 작용했을 것이라는 것이다. 그러나 십계명의 계명판과 칸트의 계기판은 움직이지 않지만, 마르크스가 만든 유령계보학의 판은 마구 움직인다(이 책 133, 138). 마르크스는 유령계보학을 만들고, 유령의 순차 혹은 위계를 만들었으나, 이러한 것은 유령들 사이에서는 존재하지 않는다. 유령이 다른 유령과 섞이고 집합, 생성, 해산, 그리고 이를 다시 무한대로 반복하는 과정을 일직선적으로 추적할 수 없다. 바로 이런 이유로 유령의 계보학은 성립될 수 없다.

또한 마르크스는 포이어바흐처럼 신학적 유령론과 일반적 유령론으로 나눌 것을 희망했으나, 데리다는 신학 그 자체가 일반적으로 유령에 대한 믿음이기 때문에 가능하지 않다(234/146)고 지적한다. 이는 슈티르너가 유령을 제거하기 위해 유령에 대해 사변적인 사유를 하는 것은 유령의 상을 보고 유령의 본질을 알려고 하는 것과 같다. 거울이 보여 주는 것은 오로지 거울에 투영된 유령일 뿐이다. 그래서 유령의 이데아를 보기 위해 거울을 깬다면? 거울을 깨는 행위, 즉 유령을 없애려는 시도는 태양을 직접 보려다가 시력을 잃는 것만큼 위험하다(이 책 55). 그러므로 유령을 유령인 줄 알고 유령, 즉 허구를 계속 탐구해서 허구의 유령성, 혹은 유령의 허구성을 알아 가는 것이 효과적인 인식 변화의 방식이다. 우리가 당연과 물론의 세계라고 간주하는 것까지 유령 혹은 허구라는 것을 알면, 자신의 논리와 자신이 숭상하는 종교와 이데올로기도 거리를 두고 비판적으로 볼 수 있다. 다르게 말하면, 자신을 바라보는 또 하나의 자신을 가질 수 있다는 말이다.

2. 유령은 무엇을 하는가?

유령은 개인만을 유령으로 만드는 것이 아니라, 역사까

지 주도한다. 마르크스가 괄목할 만한 역사적 안목으로 프랑스혁명을 자세하게 기록한 『브뤼메르』는 역사까지도 유령에 의해 주도되었음을 드러냈다.

왕권에 반기를 들었던 프랑스혁명의 첫 번째 단계였던 1789년에서 1791년까지는 볼테르와 몽테스키외의 자유주의의 영향하에 혁명은 비교적 온건하게 진행되었다. 그러나 혁명의 다음 단계는 루소의 급진적 평등주의 사상으로 대치되면서, 점차 폭력적으로 변해 갔다. 특히 왕궁의 사치가 도를 넘었고, 모든 프랑스 도시 산업은 왕궁과 왕, 그리고 귀족들의 사치품을 생산하는 데 주력하고 있었기 때문에 서민들의 삶은 피폐해질 대로 피폐해진 상태에 있었다. 이에 더해, 왕권을 쥐고 있었던 왕당파들의 배신이 파리에 거주하는 하층민들이 일으킨 엄청난 폭동의 원인이 되었다. 1792년 8월 10일 의회는 왕권을 정지시키고, 모든 남성들의 선거권이 국가회의에 의해 공표되고, 같은 해 9월 대학살이 감행되었고, 왕은 단두대에서 처형되었다. 1793년 여름부터 그 이듬해 1794년 여름까지는 공포정치가 계속되었다.

인본주의와 평등에 대한 열망에는 아이러니하게도 비인간적 요소가 포함되어 있었다. 루소의 평등사상을 너무 곧이곧대로 해석했기 때문이기도 했다. 죽음의 회오리가 닥쳤고, 1794년 6월까지 1,220명, 이후 7주 동안 1,376명이 죽었다. 왕비가 단두대에서 처형되었고, 당통은 너무 많은 단두대가 만들어진다고 비판했다가 로베스피에르에 의해 단두대에서 사라졌다. 급작스러운 죽음은 또 발생한다. 캉Caen에서 일어난 반혁명 운동에 관한 정보를 주겠다고 찾아온 코르데Charlotte Corday의 칼이 마라Marat의 등을 깊숙이 찔렀다. 로베스피에르는 피로 살았다고 해도 과언이 아니다. 피가 더 많은 피를 불렀다. 로베스피에르는 얼마 가지 않아 아무도 이해할 수 없는 이상한 종교에 집착하는 등 심한 정신이상 증세를 보였다. 그는 매년 6월에 페스티벌을 열었는데, 멋진 복장을 하고 꽃과 보리이삭을 들고 퍼레이드를 하고 난 후, 종교적 제식 대신 설교를 했고, 무신론자들을 모두 단두대로 보냈다. 마침내 그가 단두대에서 처형될 때, 사람들은 '당통의 피가 그를 질식시켰다'고 했다. 이렇게 해서 혁명은 혁명을 주도했던 사람들을 다 삼켜 버렸다.

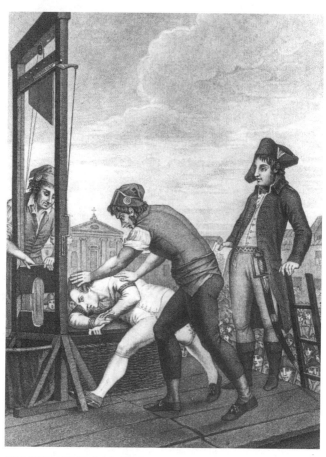

1794년 7월 28일 단두대에서 처형되는 로베스피에르

이 시기에 약 3만 명이 단두대에서 혹은 비밀스럽게 살해되거나 자살했다. 또한 인간의 기본권을 찾기 위한 투쟁 시기에 인간 생명을 잔인하게 빼앗는 단두대라는 사형도구가 고안된 것은 기괴한 아이러니였다.

이렇듯 혁명으로 인한 급변과 이에 따른 폭력과 살상으로 당시 프랑스 국민들은 매우 지쳐 있었다. 밖으로는 전쟁으로, 안에서는 지배층의 부패로 야기된 경제 침체로 인해, 만인평등과 정의를 위한 혁명은 오히려 정치를 과거로 되돌려놓았다. 마라, 당통, 로베스피에르와 같은 이지적이고 투지에 불탔던 혁명투사들은 이미 다 사라졌다. 이때 나타난 사람이 나폴레옹 보나파르트였다. 그 당시 프랑스는 외국과의 전쟁과 국내에서의 혁명으로 매우 혼란스러웠고, 영국군을 툴롱에서 격퇴함으로써 나폴레옹은 준장으로 빠르게 진급했다. 그는 이탈리아와도 싸워 이겼고, 웅변으로 혁명에 대한 헌신을 표현했고, 뛰어난 사태 파악 능력으로, 국가 영웅으로 급상승했다.

물론 나폴레옹은 프랑스혁명의 정신을 실현하기 위해 권좌에 오른 것이 아니라, 자신의 독재를 위해 황제에 올랐

1799년 11월 9일 브뤼메르에 쿠데타로 정권을 잡은 나폴레옹

다. 1769년 나폴레옹이 태어나 자란 매우 가난했던 코르시카섬에는 유교문화와 비슷한 가족주의·족장주의가 지배하고 있었다. 성공한 아들은 가족과 친척까지 돌봐야 한다는 것이었다. 이에 맞게 나폴레옹은 남자 형제인 조제프를 나폴리의 왕으로, 루이를 폴란드의 왕으로, 제롬을 베스트 팔렌의 왕으로 책봉했으나 이는 커다란 실책으로 남았다. 동시에 나폴레옹이 많은 치적을 남긴 것도 사실이다. 왕권

이 힘을 못 쓰게 눌렀고, 국민투표plebiscite를 실시했고, 농부들이 자신의 땅을 소유할 수 있는 권리, 구교가 종전의 우위적인 위치와 이권을 내려놓고 다른 종파의 교와 동일한 위치로 내려간 것, 장남에게만 유산을 물려주는 법을 폐지한 것, 국립 중·고등학교lycée 설립 등이 제도와 법률로 완전히 정착되었으며, 도로와 관개, 그리고 대대적인 토목 공사를 함으로써 파리는 비로소 근대국가 도시의 구조와 모습을 지니게 된 것 등이다.

그러나 나폴레옹의 몰락은 그가 '점원의 나라'라고 경멸했던 영국과의 트라팔가르 해전에서 넬슨에게 패하고, 러시아 침공이 대패로 끝나면서 빨라졌다. 1812년 봄, 전쟁을 시작하고 모스크바를 점령한 나폴레옹은 러시아 차르가 항복해 올 것을 내내 기다리다가, 10월 22일에 모스크바를 떠나기를 마침내 결정, 후퇴하지만 무서운 러시아 겨울 추위가 나폴레옹 군대의 반 이상을 죽음으로 몰아넣었다. 두 차례의 전쟁에서 약 60만 명의 프랑스 병사들이 죽었다. 혁명 초기 시기, 나폴레옹 등장 이전까지 합치면 약 63만 명이 사라진 것이다.

『브뤼메르』는 마르크스가 1848년에서 1851년 사이 프랑스에서 일어났던 프롤레타리아와 이에 반하는 정치세력들과의 투쟁에서 프롤레타리아의 혁명의 실패 원인을 아주 정세하게 분석·기록한 것이다. 이 책 제목에 있는 '브뤼메르'는 나폴레옹이 쿠데타로 정권을 잡은 1799년 11월 9일을 뜻한다. 이 책의 주인공인 루이 보나파르트는 1848년 12월 10일 선거로 프랑스 공화국의 대통령으로 당선되었다. 마르크스가 '브뤼메르'를 『브뤼메르』의 일부로 사용한 이유는 나폴레옹이 그 당시 강렬하게 솟아올랐던 민주주의에 대한 국민들의 염원과 정신을 다시 독재주의로 바꾸었던 것처럼, 선거로 대통령에 오른 루이 보나파르트 역시 프롤레타리아 혁명정신의 싹을 잘라 놓았기 때문이다. 프롤레타리아 혁명이 그 엄청난 희생을 치렀지만, 혁명은 간 곳이 없고, 상황은 오히려 후퇴했고, 혁명을 갈구했던 국민들은 오히려 과거를 그리워하면서 체념 속에 빠져 있었다는 사실을 마르크스는 다음과 같이 적었다.

증폭되었던 (혁명의) 동력은 갑자기 이미 죽은 시기로 되돌아가 있었고, 이러한 후퇴는 가능했는지도 모른다. 옛날 날짜들이 다시 올라왔고, 옛날 연대, 옛 이름, 옛 칙령들이 현학을 과시하는 고고학자들, 오래전에 부식해 버린 법을 추종하는 사람들의 주제들이 다시 나타났다. 이 결과 국민들은 베들레헴에 사는 미친 영국인이 과거 파로아 시대에, 에티오피아의 어느 광산 속, 감옥 같은 곳에서 금 캐는 노동자가 되어, 고되고 힘든 강제노동 때문에 괴롭게 울부짖고 있다는 착각이 들 정도였다. 이 사람 뒤에는 긴 채찍을 든 노예 감시인이 있고, 굴이 너무 낮아 타오르는 램프에 그의 머리가 닿아 있고, 탄광굴 출구에는 돈벌이를 목적으로 하는 야만적인 물품들이 혼란스럽게 쌓여 있으며, 굴 안에서는 강제노역을 하는 사람들은 그 누구와도 서로 소통할 수 없었다. '그리고 이 모든 것은 내 탓이다. 이미 예정되어 있었던 것이다'라고 말하면서 미쳐 버린 영국인은 한숨을 쉬었다. '자유로운 개인으로 브리튼에서 태어난 나는 파로아왕을 위해 금을 만들어야 한다'고 체념하고 있었다. 그런가 하면 프랑스에서는, '보나파르트 왕족들의 빚을 갚기 위해'라고 프랑스 국민들은 한숨 쉬었다. 제정신을 가진 영국 사람들도 금을 캐야 한다는 고정 관념에서 벗어나지 못했으며, 프랑스혁명에 가담한 프랑스인들도 12월 4일이 증명한 대로 나폴레옹의 기억을 지울 수 없었다. 혁명이 사라진 곳에서 그들은 이집트의 미식과 사치스러운 생활을 몹시 탐내며 그리워했다. (마르크스 17-18)

나폴레옹이 일으킨 전쟁에서 그토록 많은 프랑스 국민들이 죽었지만, 나폴레옹이 유배지였던 엘바섬을 탈출, 파리로 들어왔을 때, 프랑스 군인들과 파리 시민들이 그를 열렬히 환영했다는 사실은 그 당시 프랑스 국민들이 여전히 과거에 집착하고 있었음을 입증한다. 프랑스 국민들은 여전히 구시대의 왕권과 영웅주의에 심리적으로 종속되어 있었다.

물론 프롤레타리아 혁명이 전적으로 실패로 끝난 이유는 또 있다. 지배층에 속했던, 그래서 힘과 자본을 지닌 탐욕스러운 사람들이 왕권과 국회를 장악한 채 부르주아를 옹호하고 있었던 반면, 주로 노동자와 농민들로만 구성된 프롤레타리아들은 홀로 싸워야 했기 때문이다(마르크스 23).

'프랑스의 정치 하녀들은 서로 말싸움만 하면서 반짝거리는 혁명의 용암을 빗자루로 모두 쓸어 버렸다'고 마르크스는 쓰디쓴 사실을 피력했다. 루이 보나파르트에 의해 혁명은 가없이 삭아 버렸다. 그는 자신의 물욕을 위해 그 어떤 것도 주저하지 않았던 인물이었다. 마르크스는 여러 번 그를 '룸펜프롤레타리아', '침대 빈대'(마르크스 83, 85, 94)라 칭했다. 그는 캘리포니아 금광에 투자하기 위한 돈을 로또로 마련했다. 그 당시 프랑스에서는 자선사업을 위한 로또만이 허용되었으나 다른 목적을 위한 로또는 불법이었다. 엄청난 돈을 금광에 투자했으나 실패하자, 이를 만회하기 위해 수도 없이 많은 가짜 채권을 발행했다. 마르크스는 이런 그를 두고 결정론자라 했는데, 이 말의 뜻은 시가와 샴페인, 찬 닭고기 요리와 마늘 소시지로 매수당하지 않을 사람은 없다고 루이 보나파르트가 절대적으로 믿었다는 뜻이다. 이 결과 음식과 술이 매일 밤 궁 안으로 들어왔고, 수많은 사람들이 궁에서 파티를 벌였다. 그가 거리에 나타나면 사람들은 '루이 만세! 소시지 만세!'라 외쳤다고 한다. 데리다가 그를 일러 '돼지비계로 머리가 꽉 차 있었다'고 표현한 것은 결코 과장이 아니다.

이뿐만이 아니다. 그는 '12월 10일의 사회'라는 단체를 조직했는데, 이는 파리의 모든 탕아들과 오합지졸을 모은 것이었다. 그러나 그는 이들이 파리 시민들을 대표하는 사람들임을 주장하면서, 이 사회의 목적은 사회자선단체라고 공표했으나, 실은 자신의 방탕을 뒷받침하는 단체였고, 이에 보헤미안들이라는 뜻으로 '라 보엠'이라는 우아한 이름을 붙였다. 공식적으로는 질서, 종교, 가족, 그리고 재산을 보호한다고 공표하면서, 뒤로는 무질서, 매음, 도둑질까지 일삼았다. 나폴레옹은 로마 황제의 마스크를 썼었다. 그런데 루이 보나파르트는 이러한 나폴레옹의 마스크를 쓰고 자신을 나폴레옹으로 착각, 세계 역사를 자신의 코미디로 만들었다(마르크스 76-78). 이 이후에도 그는 항상 개인의 재산과 사익을 옹호하는 힘 있는 당파와 정치인들과 손을 잡고 혁명의 불씨를 이어 가려는 사람들과 자신의 대적이었던 샹가르니에와 국회 군대를 서서히 모두 제거했다. 1859년 5월 31일 선거법은 더 이상 그 힘을 발휘하지 못했고, 국민 국회는 명분만을 앞세우는 무용지물의 추상적 원칙 그 자체가 된 것이다. 최소한 1789년의 국회는 프랑스 주요 도시마다 있었고, 특히 파리 국회는 막강한 힘을 행사했었다. 그러나 마침내 룸펜프롤레타리아의 손에 의해 국회 군대가 무너지자, 명망 높았던 70년 전 파리의 국회는 이, 눈, 귀, 그리고 모든 것을 잃어버렸다. 마르크스는 이렇게 국민의 국회와 함께 혁명정신이 무너지는 과정을 두고 국회가 크레틴병(마르크스 91)에 걸렸다고 표현했다. 크레틴병이란 갑상선 장애로 기형과 백치 상태가 되는 병이다. 따라서 『브뤼메르』는 마르크스의 눈물과 회한으로 얼룩진, 자신이 꿈꿨던 혁명에 대한 비망록이다.

만민평등을 위한 혁명이라는 이름 아래 로마 황제의 마스크를 쓰고 독재를 했던 나폴레옹, 이러한 나폴레옹의 마스크를 다시 쓴 루이 보나파르트, 그리고 과거에서 헤어나지 못한 다중들 때문에 프랑스혁명은 실패했다. 역사에 등장하는 무수히 많은 위인들, 심지어 혁명정신의 화신들도 하나같이 과거의 마스크를 쓰고 과거의 복장을 입고 과거의 말을 한다는 것이다. 마르크스는 혁명까지 '철저하게 환영적이며 시대착오적'이라고 했다. 데리다는 『브뤼메르』

는 유령에 대해 철저하게 집중을 했고, 유령의 주기, 즉 나타나는 빈도, 유령들의 주장뿐만 아니라, 혁명과 혁명 이후에 오는 안주安住가 주기적으로 반복되는 리듬까지 알고 있었으며, 유령학 역사의 맥박까지 짚고 있다고 격찬했다. 또한 『독일 이데올로기』는 유령 역사책이며, 인간 역사에서 유령들에 대한 가장 집중적 연구의 가장 위대한 책으로, 유령의 부계 논리학이라고 데리다는 높이 평가했다(175/107). 다만 시대가 지나감에 따라 혁명이라는 비극은 다시 패러디되어 희극이 되면서, 역사는 비극과 희극의 차이, 그리고 비극과 희극의 주기적 반복이 있을 뿐이다. 이 사실을 마르크스가 『브뤼메르』에서 매우 상세하게 기록한 것을 데리다가 대폭 인용한다.

인간은 자기 자신의 역사를 만든다. 하지만 생각한 대로 되지는 않는다. 스스로 선택한 환경 아래서가 아니라, 곧 눈앞에 닥칠, 주어지고 빌려 오는 환경 아래서 만든다. 모든 죽은 세대의 전통이 악몽처럼 산 자의 머리를 짓누르고 있다. 또이것으로 인해 인간이 일견 목숨을 걸고 자기를 변혁하고 현상을 바꾸고 이제까지 없었던 것을 만들어 내려는 것처럼 보이는 그때, 즉 혁명이 최고조에 달한 시기에, 인간은 자신을 쓸모 있게 만들고자 조심스럽게 과거의 망령을 불러내, 그들로부터 이름과 슬로건과 의상을 빌리고, 유서 깊은 이 분장과 차용한 대사로 세계사의 새로운 장면을 연출한다. 이리하여 루터는 사도 바울로 가장했고, 1789년부터 1814년까지의 혁명은 로마 공화국과 로마 제국의 의상을 차례차례 몸에 감았으며, 1848년의 혁명은 어떤 때는 1789년을 흉내 내고, 어떤 때는 1793년부터 1795년에 이르는 혁명전통을 모방하는 정도였다.

그러나 부르주아 사회가 비영웅적이라고 해도, 역시 그것을 세상에 내보내기 위해서는 영웅주의와 희생과 테러와 내란과 국민들 간의 숱한 전투가 필요했다. 그리고 부르주아 사회의 검투사들은 로마 공화국의 고전적인 위엄을 갖춘 전통 속에서 이상과 양식을, 곧 자기들의 싸움이 지닌 부르주아적으로 제한된 내용을 스스로 눈가림하여 자신의 정열을 위대한 역사적 비극의 내용으로 보존하는 데 필요한 자기기만을 발견했던 것이다. 마찬가지로 발달 단계는 다르지만 1세기

전에 크롬웰과 영국 인민은 그들의 부르주아 혁명을 위하여 『구약성서』에서 언어와 정열과 환상을 빌려 왔다. 그리고 실제 목적이 달성되어 영국 사회가 부르주아적으로 완전히 바뀌어 버리자, 곧바로 로크가 하박국(『구약성서』의 「하박국서」를 쓴 예언자)을 밀어냈다.

이와 같이 혁명에서 죽은 자를 되살리는 일은 새로운 싸움에 영광을 부여하는 데 유용한 것이지, 옛 싸움을 흉내 내는 것이 아니었다. 눈앞에 닥친 과제를 공상 속에서 과장하는 데 쓸모 있는 것이지, 현실 속에서 그 해결을 앞에 두고 주춤거리고 도망치려는 것은 아니었다. 혁명의 정신을 다시 발견하는 데 있는 것이지, 혁명의 유령을 다시 배회하게 하는 것은 아니었다. 그런데 1848-1851년 사이에는 또다시 옛 혁명의 유령만이 배회하고 있었다. (180-186/110-114 여기저기)

이 결과 로마 복장을 한 채, 혁명을 하고 난 후, 프랑스혁명의 정신과 시대의 과업은 망각되었다. 현재는 기회를 잃었고, 과거로 돌아갔다. 로마 시절로부터 되돌아온 '유령들이 부르주아의 요람을 지켜보고 있다'는 사실을 망각한 것이다. 이 말은 그 당시 실현하려 했던 혁명정신이나 내용이 아직 너무나 어린 갓난아기와 같아 오히려 과거의 유령들의 감시와 보호를 받고 눌려 있었다는 뜻이다. 그 당시 혁명정신이 실현되기 위해서는 과거의 족쇄로부터 벗어나야 한다는 사실을 알아야 했지만 그러지 못했다는 말이다. 다르게 표현하면, 머리는 원래 정신이 있는 곳이지만, 정신 대신 구시대의 모자와 유령이 지배했다는 뜻이다. 이로써 혁명정신은 망각되고 내용은 소실되었다.

나폴레옹은 자신의 힘과 권세를 극대화하기 위해 로마제국의 마스크를 쓰고 나타난 유령이었다. 1802년 그는 시저주의를 제창하고 황제가 되기를 꿈꾸었고, 나폴레옹 코드를 제정했다. 과거 로마 황제의 마스크를 한 유령인 나폴레옹을 프랑스 국민들은 당시의 경제 문제와 인권 문제를 해결해 줄 수 있는 혁명의 투사로 착각했다. 나폴레옹은 그 당시 프랑스를 로마처럼 꾸미기 위해 파리의 건축과 복식, 가구와 그림, 그리고 여인들의 머리모양과 옷은 마치 로마 박물관에서 가지고 온 듯했고, 기둥이 많은 로마식 주랑이 군데군데 들어섰다. 또한 르네상스의 건축 형태인 로코코가 사라지고, 로마식 개선문이 파리를 위시해 거의 모든 도시에 세워졌다. 이탈리아인 조각가 카노바Canova가 그 시대 조각가였으며, 프랑스인 화가 앵그르Ingres가 나폴레옹 가족들을 로마의 부인으로 혹은 로마 여신으로 그렸다. 프랑스혁명은 유령으로 지배되었음을 상세하게 기록한 마르크스의 『브뤼메르』는 그래서 헤겔의 절대정신 철학에 대한 소극farce이었다. 헤겔은 역사가 절대정신, 신, 이성에 의해 주도된다고 주장했다. 그런데 프랑스혁명은 암울한 시대에서 드러나는 현상들, 즉 과거를 되살리는 다중들의 퇴행적 의식, 나폴레옹의 가족주의 혹은 족장주의, 로마 제국의 힘을 상징하는 마스크를 쓴 나폴레옹이라는 유령, 그리고 다시 나폴레옹의 마스크를 쓴 채, 물욕과 사욕이 극대화된 루이 보나파르트의 독재주의 및 과거 로마의 황제주의가 혼미하게 뒤섞인 것이었기 때문에 헤겔 역사관에 대한 소극이었다.

이렇듯 혁명정신까지도 철저하게 환상적이며 시대착오적(183/112)이라는 사실을 마르크스는 철저하게 알았다. 그래서 마르크스는 유령의 마스크가 아니라, 유령의 머리에 해당하는 것을 가려내려 했다. 이 말은 마르크스가 모든 것이 유령이라는 사실을 알았기 때문에, 혹은 알았을 때, 유일한 숙제는 유령의 얼굴 부분, 즉 마스크가 아니라, 유령의 머리를 식별하는 것임을 의미한다. 최소한 이 차이만은 건질 수 있으리라 마르크스는 생각했다. 얼굴 부분은 루이 보나파르트에, 머리 부분은 사도 바울의 마스크를 썼던 루터에 비유하며, 모든 혁명은 과거로부터가 아니라, 미래로부터 와야 한다고 마르크스는 믿었다.

19세기의 <u>사회적</u> 혁명은 과거가 아니라, 오로지 미래로부터 시를 끌어내야 한다. 이러한 미래 혁명은 과거의 모든 미신을 벗어 버릴 때 시작된다. 이전의 혁명들은 혁명의 내용을 무디게 만들기 위해 과거의 세계 역사의 기억들이 필요했었다. 19세기 혁명(의 내용)을 실현시키기 위해서, 19세기 혁명은 죽은 자를 묻어야 했다. 이 혁명이 실패한 이유는 혁명의 말이 혁명의 내용을 초과했기 때문이었다. 혁명이 성공하기 위해서는 내용이 말을 초과해야 했는데, 그러지를 못했다. (186/114)

이렇게 쓴 마르크스는 산뜻하게 죽은 자를 묻을 수 있다고 생각하지는 않았을 것이라고 데리다는 추측한다. 마르크스는 자신이 말한 대로 죽은 자들을 결코 묻지 못하는 것을 자명하게 알고 있었다: '모든 죽은 세대의 전통이 악몽처럼 산 자의 머리를 짓누르고 있다.' 또한 마르크스가 혁명의 내용(정신)과 혁명의 형식(말)이라는 산뜻한 이분법도 내심 믿었다고 보기 어렵다는 것이다. 그렇다면 위 마르크스의 말이 내포하는 것이 무엇인가? 위의 말을 통해 마르크스가 그 당시 사람들에게 새 혁명에 대한 두려움이 자신들에 대한 공포가 되었음을 함의한 것으로 데리다는 읽었다. 결코 산 자는 죽은 자를 묻지 못한다. 『햄릿』에 나오는 묘파인墓破人, grave-digger처럼 우리는 끊임없이 죽은 자를 파내고, 그들의 언어를 우리식으로 이해하고 읽는다.

혁명이나 개혁에 대해 공포가 혁명을 주도하는 자신들에 대한 공포로 변할 때 혁명은 물론 실패한다. 그러나 과거의 유령들의 말에 결박되지 않으면, 사회적 혁명은 반드시 미래로부터 오고, 성공한다. 혁명은 여러 번 실패도 하지만, 몇 번의 시행착오를 거치면 성공한다. 특히 시민의식이 사회적 차원에서 충분히 성숙되고, 그래서 이것이 넘쳐흐르면 기존의 제도와 체계는 결절된다. 그러나 프랑스혁명에 대해 그 당시 사람들이 지녔던 공포가 혁명정신과 내용을 마취·망각시켰고, 과거의 유령에 의해 지배당하도록 했기 때문에 혁명은 실패했다. 위에서 인용한 마르크스의 말에서 보듯, 마르크스는 여전히 이원구조를 믿으면서, 내용과 말, 고유한 내용과 전유된 내용을 구별하려 했고, 과거를 묻어야 한다고 했다. 그러나 길게 보면, 문제는 이렇게 간단하지 않다는 사실을 데리다는 환기시킨다. 죽은 자는 결코 죽지 않는다. 마르크스는 고통 속에서 둘로 갈라져 있었다.

위고의 『레미제라블』 역시 프랑스혁명은 불투명한 유령으로 인해, 양 진영이 공포를 느꼈고, 서로를 적대시하며 서로를 죽음으로 몰고 갔음을 기술하고 있는 것으로 데리다는 파악했다.

… 절대적으로 유니크한 이 두 개의 바리케이드. … 프랑스 혁명이 만들어 낸 이 끔찍한 두 개의 걸작. 누가 이것을 만들었는가? 누가 이것을 파괴했는가? 이것은 위대한 동시에 초

라한 것이었다. 혁명의 정신은 구름으로 덮여 있고, 그 꼭대기에서는 신의 목소리와 같은 사람들의 목소리가 들려왔다: 버려진 거대한 물건들 더미로부터 방출되는 장대한 존엄이었다. 이것은 쓰레기 더미였고 동시에 시나이산상이었다.

탕플 거리로부터 1마일 떨어진 곳에는 막다른 골목과 같은 저지선이 있었다: 움직이지 않는 조용한 벽. 아무도 보이지 않았고, 아무 소리도 들리지 않았다. 심지어 단 한마디의 외침도, 소리도, 숨소리도 없었다. 거대한 무덤. … 그 바리케이드의 대장은 기하학자, 혹은 유령이었다.

상Saint앙투안느의 바리케이드는 천둥 같은 소동이었다: 탕플 거리의 바리케이드는 침묵 그 자체였다. 이 둘의 차이는 끔찍스러움과 불길한 조짐의 차이였다: 하나는 벌려진 입이었고, 다른 하나는 마스크였다. 우울하고 거대한 6월 폭동은 분노와 수수께끼였음을 인정하면서, 독자들은 첫 번째 바리케이드에서 용龍을, 두 번째 바리케이드에서는 또 다른 괴물 스핑크스를 느꼈다.

이 심연에서는 말하는 것 이외에 무엇을 할 수 있는가?

16년이라는 시간은 폭동에 대한, 지하에 묻혔던 실체를 알아가는 교육기간이었다. 그래서 1832년 6월보다 1848년 6월은 이 폭동을 훨씬 더 잘 이해했다. 프랑스혁명에는 거대한 것에 대항하는 거인은 없었다. 이것은 호머가 아니라 밀턴과 단테를 닮았다. 악귀는 공격했고, 유령들은 저항했다. 가장 불분명한 깊이 속에서 군중으로부터 한 목소리가 외쳤다. … 시민들이여, 우리가 시체의 항변을 바치도록 합시다. … 이렇게 말한 사람의 이름은 결코 알려지지 않았다. 그러나 이 위대한 익명성은 항상 인간들의 외침과 사회적 탄생 속에서 발견된다. 시체들의 항의를 법령으로 만든 인간이 말을 했고, 공동의 영혼에 대한 공식을 부여하자, 이상하게 만족하는 그러나 동시에 끔찍한 울음이 모든 입술로부터 터져 나왔다. 장례식이었으나, 그들의 목소리 톤은 승리를 말하고 있었다: '죽음에게 영생을! 우리 모두와 함께 영생을!'

'왜 모두인가?'

'모두! 모두!' 앙졸라가 외쳤다. (157-158/95)

유령들 사이에 두 개의 바리케이드가 설치되었다. 한쪽

은 왕권을 수호하는 군대였고, 다른 한쪽은 민중들의 궐기였다. 이 유령들의 힘이 결국 거대한 힘이 되어 스핑크스와 악을 상징하는 괴물인 용으로 화했다. 왕권을 보호하는 군대와 민중들의 시위, 이 둘 다는 구체성이 없는 유령이라는 괴물로, 기하학의 추상성 그 자체로 유령들의 대장을 뜻한다. 여전히 정치적·사회적 체계와 어휘로 담기지 않은 상태를 말한다. 이런 이유로 위고는 프랑스혁명 시작 단계에 폭동을 현실세계에서 인간들의 투쟁과 모험을 다룬 호머의 『오디세우스』가 아니라, 천사와 악마들, 즉 영 혹은 유령들 세계의 싸움을 다룬 단테의 『신곡』과 밀턴의 『실낙원』에 비유했다. 프랑스혁명은 유령을 위한 유령들의 싸움이었는데, 이 싸움에서 유령이 아닌 산 자들이 수도 없이 죽어 갔다. 산 자들이 죽어 유령이 되었다. 죽은 자들이 지녔던 혁명정신이 법에 담기자, 수많은 시체·유령들로부터 기쁨의 미소와 울음이 동시에 터져 나왔다. 혁명을 위해 싸우다 죽은 사람, 즉 유령들 모두는 혁명정신이 역사에서 면면히 이어지는 동안, 산 자와 함께 살아간다. 그래서 앙졸라가 '모두'라고 외친 것이다.

프롤레타리아 혁명을 위한 전쟁은 밖에서만 일어난 것이 아니었다. 마르크스 역시 유령성 자체와 내심 힘들게 싸우고 있었다. 인간해방이라는 개념, 즉 유령성을 마르크스 자신도 어떻게 법과 제도를 통해 규명해야 하는지를 몰랐기 때문이었다. 바로 이런 이유로 마르크스 또한 자신 속에 있는 유령에 대해 공포를 느꼈다. 그러나 데리다는 마르크시즘의 유령은 여전히 유효함을 강조한다. 작금의 자본주의의 폐해가 엄청나기 때문이다. 그러나 마르크시즘의 유효성이 발현되기 위해서는 누가 그리고 어떤 언어로, 어떤 형식과 내용으로 지금 그리고 여기에서 공산주의 선언을 구체적으로 실현시키느냐가 중대한 문제다. 유령들은 서로 다른 언어를 사용하기 때문이다. 유령론에 불과한 마르크스의 종말론은 폐기되어야 한다(170/104)고 데리다는 강조한다. 종말론은 또다시 유령을 위한 유령들의 전쟁을 발발시키고, 산 자가 유령을 위해 죽어야 하는 기막힌 상황이 반복될 수밖에 없기 때문이다.

우리는 앞에서 마르크스와 슈티르너와의 관계가 '반영적 반영'임을 언급했다. 프랑스혁명도 이의 반反혁명도 유령에 의해 주도되었듯이, 세계대전 역시 신성 연합과 공산주의 국가와의 이데올로기 전쟁은 마치 슈티르너와 마르크스의 관계처럼 '본질적으로 결코 피할 수 없는 반영적 반영'이었음을 데리다는 설명했다(167-171/102-105). 그 당시 공산주의가 구체적인 실현 없이 유령 상태에 있었다. 유령의 속성 중 하나가 사물성인데, 이는 전설도 실재도 아닌 어중간한 상태의 거대한 모호성·사물성일 뿐이었기 때문에 공포를 유발시켰다. 이것이 한동안은 땅속에 있었다. 그런데『공산주의 선언문』(1948)과 함께 땅 위로 나왔지만, 여전히 거대한 모호성에 불과했다. 구체적인 실현이 전혀 되지 않는 상태에서, 모호한 유령을 두고 양쪽은 서로 싸운 것이다. 전쟁이 끝나고, 마르크스의 혁명은 현실적인 구현 없이 다시 땅속으로 들어갔다. 데리다는 이러한 마르크스의 유령·정신을 소환하여 마르크스가 그토록 주창했던 지금 여기의 현장에서 구체화시켜야 한다고 강조한다. 세계대전은 전설도 아니고 그렇다고 해서 실재도 아닌 이 거대한 유령을 두고 양쪽이 편을 갈라 싸운 것이다. 이러한 유령이 서방국가들에게 공포를 불러일으켰고, 이것이 곧 무자비한 전쟁으로 빠르게 나타나자, 공산주의자들도 서방국가의 무자비에 맞대응했던 것이 스탈린주의와 레닌 전체주의였다. 양쪽은 시체 같은 경직성, 딱딱한 갑옷으로 무장한, 그래서 서로가 서로를 정확하게 알아볼 수 없었던 유령들의 전쟁을 했던 것이다.

3. 유령은 어디서 어떻게 발생하는가?

유령은 늘 데리다가 문제 삼는 이원구조에서 발생한다. 헤겔은 정신 vs 육체라는 이분법에서 후자를 제거하는 것은 정신을 얻기 위한 것이라고 주장했다. 이러한 이원구조는 서구 인문학사에서 플라톤에 거대한 뿌리를 내렸고, 3,000년 동안 잔뿌리를 끊임없이 내리며 번창했다. 이것이 화이트헤드A. N. Whitehead가 '서구 철학사는 플라톤 철학의 긴 주석'이라고 한 이유다. 그런데 이분법을 가장 체계적으로 그리고 가장 광범위하게 집대성하고, 자연, 인간, 언어까지 점진적으로, 절대정신으로 지양된다고 주장한 헤겔의 『정신현상학』을 자세히 읽어 보면, 이미 정신과 물질이라는 이분법은 성립되지 않는다. 그리고 이 사실을 헤겔 자신도 잘 알고 있었다.

헤겔에 의하면, 물질이 절대적이지 못한 것은 무게로 인해 떨어지는 성질 때문이다. 그럼에도 불구하고 이 물질은 통일성으로 합해지려는 경향이 있다고 헤겔은 말했다. 그렇다면 헤겔이 정의한 물질과 정신에는 차이가 없다. 왜냐하면 정신도 처음에는 갈라져 있다가 변증법적 과정을 통해 절대정신으로 지양된다고 헤겔이 주장했기 때문이다. 물질의 무게, 혹은 중력은 '통일성을 위한 탐구'를 하지 않을 때, 정신과 같다. 헤겔에 따르면, 정신과 물질의 유일한 차이는 물질의 본질·중심은 물질 밖에 있지만, 정신의 본질은 정신 안에 있다는 것인데, 그럼에도 불구하고 정신과 물질 둘 다 본질을 지니고 있다는 점에서도 둘은 동일하다. 그러므로 헤겔이 정의한 물질과 정신 사이에는, 헤겔이 주장한 대로, 질적 반대나 모순은 존재하지 않는다. 정신과 물질이라는 이분법은 상대적이다. 그래서 그리스 철학자 파르메니데스는 존재의 반대가 존재가 되지 않아야 한다고 했고, 『소피스트』에 나오는 이방인 역시 비존재는

존재와 관계된 상대적 차이(강조의 밑줄은 필자의 것) 불과하다
고 했다.

이원구조의 허구성을 이렇게 논박할 수도 있다. 변증법
이 주장하는 반은 정과 합쳐진다고 하는데, 반의 반은 정이
될 수 없다. 이는 단순히 수사와 논리의 유희(강조의 밑줄은
필자의 것)다. 바로 이런 이유로 변증법이 말하는 정반합은
이분법이라는 틀 안에서 반이라고 결정된 수사와 방향과의
결합일 뿐이다. 진공관 혹은 허공 안에서의 사변적 유희일
뿐이다.

그런데 이러한 수사의 유희에서 만들어진 수증기 같은
환허幻虛에 불과한 것이 턱없이 정신이라는 이름을 얻었고,
가장 귀중한 것으로 간주되어, 이를 위해 모든 것, 즉 육체
적, 물질적인 것을 억압·절단해야 하며, 때로는 죽음까지
불사해야 한다는 것이다. 그 이유는 헤겔은 이 정신, 즉 이
가스 같은 환허·정신으로 대상과 의식은 마침내 합해지기
때문이라고 주장하기 때문이다. 데리다는 『정신에 관하여』
(1987)에서 이 연금술에서 나오는 가스를 유독가스에 비유
했다. 이 가스 같은 정신spirit을 추출한다는 사변speculative 철

학은 거울speculum에 반사되는 유령이라는 사실은 단어에서도 포착된다. 유령spirit과 정신spirit은 단어를 보아도 동일하다. 따라서 정신 자체가 환이라면, 헤겔이나 후설이 주장한 현상화란 유령화다. 현상학이란 존재하지 않는 이원구조의 정신과 물질이라는 대립에서 분리된 정신으로 의식과 대상을 연결, 진리로 화한다(199/123)고 주장하기 때문이다. 삼위일체도 이러하다. 즉 성부, 성자, 성령도 유령으로 중재되어 이 셋은 통일체가 된다고 주장한다. 따라서 현상화=정신화=유령화=삼위일체설이라는 등식이 성립된다고 데리다는 주장한다.

이분법이 존재하지 않는 것을 잘 알면서도 왜 서구의 전통 철학자들, 데카르트, 칸트, 헤겔, 하이데거는 이분법을 고수하는 것인가? 기독교를 뒷받침하기 위해서다. 바로 이런 이유로 존재하지도 않는 이분법은 헤겔에 있어서는 '철학의 필요'였다. '철학의 필요'는 헤겔 저서, 『기독교 정신』의 부제목이다. 헤겔 철학은 기독교와 떼려야 뗄 수 없는 관계에 있다. 철학이 종교에 종속되어 봉사하는 것이다. 서구 철학사는 서구 신학사라는 상식을 상기하면, 이 말은 쉽게 이해된다.

이원구조와 이를 강화한 3단 논법은 가능하지 않은 윤리와 귀향설·회귀설을 주장하기 위한 것이다. 호머가 쓴『오디세우스』의 무용담과 귀향은 논리나 합리주의가 아니라, 소설이다. 그런데 서구 인문학 담론뿐만 아니라, 정치·경제 이론까지 이 소설의 허구의 틀을 그대로 따라가고 있다. 헤겔 변증법은 육신은 정신으로, 기독교는 예수는 하나님으로, 그리고 우리는 지옥 같은 현세를 떠나 천국으로 되돌아간다고 주장한다. 이런 이유로 마르크스는 기독교가 환영의 기원이며 시발이라 했다. 그러나 귀향설은 그래서 유령론이다. 이 귀향설·유령론이 서구 인문학 전 분야의 근간이 되고 있다. 니체에 따르면, 이러한 관념론은 '인간적인, 너무나 인간적인' 바람이라고 한다.

마르크스는 종교와 기독교를 부인했지만, 그는 심오하게도 기독교인이다. 자신은 감지하지 못했지만, '때가 오면 여종의 머리에도 신이 내리리라'는『성경』의 말이 그의 머리와 가슴에 박혀 있었다. 그는 기독교와 헤겔을 벗어났다고 생각했으나 벗어나지 못한 이원론자였고, 그래서 기독교가 역사적으로 전쟁과 폭력을 일으킨 것처럼, 유물론 역시 무서운 전쟁을 일으킨 이론적 배경이 된 것이다. 특히 헤겔이 『역사철학』에서 '국가는 신성한 이념'이라 했는데, 헤겔을 반대했던 피히테 역시 신성한 이념으로 되돌아가기 위해서는 신성하지 못한 국민들과 다른 여타의 약소국과 국민들을 변증법의 정반합에 있는 반으로 취급, 이를 제거해야 한다고 생각했기 때문에 파시즘과 민족·종족 우월주의가 발생했다. 마르크스는 거꾸로 헤겔이 오합지졸로 본 하층민이 혁명을 통해 지배계급을 무너뜨려야 한다고 믿었다. 여전히 이분법 안에 있었다. 이렇게 할 때 인간해방이 가능하다고 한 것인데, 마르크스가 신앙처럼 확신했던 인간해방이란 기독교에서 말하는 내세를 현세에서 이루고자 한 것이었고, 이러한 이분법 역시 이데올로기 전쟁이라는 세계대전을 발발시킨 것이다.

현세에서든 내세에서든 되돌아간다는 귀향의 주제는 서구 담론의 가장 일반적이고 가장 오래된 틀인데, 이는 결국 유령론이다. 이 담론들이 모두 이원구조와 차연에 의한 표상과 효과에 불과해서, 이미 고유성이 잘리어 나갔기 때문이다. 고유성이 잘려 나간 상태에서 죽어서 되돌아온 다고 하니, 유령이 되어 되돌아온다는 말이다. 되돌아오다 revenir의 동명사형이 유령revenant이다. 존재론ontologie과 유령 론hantologie, 이 두 단어를 프랑스어로 읽으면 h가 묵음이 되 어 두 단어는 거의 동일하게 발음된다. 데리다는 논리를 통 해서뿐만 아니라, 언어유희를 통해서도 존재론은 유령론임 을 드러낸다. 따라서 서구 담론에는 유령 출몰이 빈번하다 고 데리다는 말했는데, '인문학 역사가 유령의 역사'라고 한 마르크스의 말을 기억하면, 데리다의 말은 이미 때늦은 둔 사에 불과하다. Jacques Derrida의 철자들을 변치하면, '이미 너무 늦었다déjà derrière'가 되듯이.

되돌아간다는 이 귀향·회귀가 난공불락의 상황에 처할 때마다 서구 담론은 이원구조를 다시 나누었기 때문에, 이 원구조가 무한 양산되면서 반을 삭제·억압·거세하는 일 을 무한 반복한 것이다. 이 결과 서구 인문학은 공_空인 이원 구조와 일하면서, 이 결과물인 환영·유령을 생성시키고, 이를 절대 진리로 간주했다. 정신spirit은 이미 갈라져split 죽 어 있다. 변증법은 의도와는 어긋나게 정신과 신을 파괴했다. 거세된 진리는 환이 만든 최후의 성과이며, 이는 로고스 자체에 의해 폐쇄된 존재다. 그리고 이것은 이원구조의 폐쇄 속에서, 절대정신과는 아무런 관계가 없는 이질적·잡종적·타동적 효과의 자폐적·자동적 운영을 하면서 변증법은 사변적인 절대 환상과 주물주의를 산출한다. 이것은 전염성이 강하고 유혹적이어서, 유행병처럼 번져 퍼지며 무한히 확산된다.

4. 유령의 속성

데리다는 베케트Samuel Beckett를 두고 '언어의 한계를 떨게 만들었다'고 극찬한 바 있는데, 데리다는 유령의 속성을 열거하면서, 유령이라는 단어의 한계를 떨게 만들었다. 데리다는 『햄릿』에 유령으로 등장하는 햄릿 왕의 모습에서 유령의 속성을 거의 다 기술한다. 극이 시작하자마자 유령이 여러 차례 나타났음을 마셀러스가 학자인 호레이쇼에게 보고한다. 호레이쇼는 유령 출현을 덴마크의 혼란과 전쟁의 전조로 해석한다. 마침내 유령은 호레이쇼와 밤 지킴

유령의 출현
마셀러스: '호레이쇼! 자네는 학자 아닌가. 그러니 유령에게 응대하게!' (『햄릿』 I i 42)

이 마셀러스와 버나도 앞에 다시 나타난다. 그러나 이들이 유령에게 공격적으로 다가가자 유령은 사라지고 그들은 잘못했음을 깨닫는다. 이들은 유령이 면갑과 투구를 쓰고 온몸을 덮은 갑옷을 입고 나타났다는 사실을 보고한다(I ii 227-230).

그다음 날 밤에 유령은 다시 나타나, 햄릿은 유령을 따라가고, 유령은 자신이 어떻게 독살되었는가를 알려 주고, 클로디어스를 저주하고 복수해 달라고 간청하고 자신의 고통스러운 상황을 말한다. 차일피일 햄릿의 복수가 연기되자, 유령은 다시 나타나 모두에게 복수할 것을 맹세하라고, 무대·땅 위에서도 밑에서도 요구하고, 명령한다(I v 148). 마침내 이 명령에 복종할 것을 햄릿, 호레이쇼, 마셀러스, 버나도는 맹세한다(I v 182-184). 햄릿은 '내가 이 결절된 시대를 바로잡기 위해 태어난 것인가'라고 스스로에게 묻는다(I v 190). 유령은 햄릿이 어머니의 침실에서 어머니와 말다툼을 하는 중에 또 나타나지만, 햄릿만 유령을 보고, 어머니는 보지 못한다(III iv 103-125). 마침내 햄릿은 유령이 말한 대로 클로디어스가 독살했는지를 떠보기 위해, 일종의 쥐덫으로 사용할 요량으로, 궁중을 찾아온 배우들에게 『곤자고의 살해』를 공연해 줄 것을 부탁한다. 이 극은 햄릿 삼촌이 자신의 부왕을 독살한 이야기와 거의 유사한 살해극이자 무언극이다(II ii 440). 『곤자고의 살해』가 『햄릿』이라는 극 안에 있는 또 하나의 극이기 때문에 '극중극a play within a play'이다. 데리다는 '이중 세앙스'(『입문』 131-132)로 표현했다. 그런데 이 극중극이 『햄릿』이라는 극을 마지막으로 치닫도록 추동시키는 가장 중요한 것이다. 이 극중극을 본 왕은 양심에 찔린 듯 괴로운 표정을 하고 황급히 자리를 떠남으로써 햄릿은 유령의 명령에 따를 것을 결심한다. 그러나 여러 가지 이유로 주저하는 동안 시간이 흘러간다.

① 『햄릿』에서처럼 유령은 햄릿, 밤 보초병들, 그리고 학자인 호레이쇼에게는 보인다. 그러나 햄릿의 삼촌이자 현재 왕 클로디어스나 햄릿 어머니 거트루드에게는 보이지 않는다. 어떤 이에게는 보여서, 분명 존재하는 감각에 속하는 것이지만, 살아 있는 감각은 아니다. 따라서 감각적인 동시에 비감각적이다. 만지면 만져질 듯 확실하게 보이지만, 다가가면 사라지는 것으로 비구체적인 구체성, 확실한 비확실성, 비가시성의 가시성이다. 이원구조로는 확인되지 않는 그 사이에 있다. 그러나 분명 여전히 누군가의 타자로서 누군가의 몸이다. 그러나 이 누군가의 타자를 성급하게 자아, 주체, 사람, 의식, 정신 등으로 결정, 고정하지 않아야 한다. 유령은 이런 이유로 아이콘도 아이돌도 아니며, 이미지의 이미지나 플라톤이 말한 단순한 판타지의 생성을 뜻하는 판타즈마도 아니며, 매우 가깝기는 하지만, 단

순한 시뮬라콘도 아니다.

② 햄릿 선친의 유령은 차연처럼 『햄릿』에서 여러 가지 말로 끊임없이 대체된다. '미망'(I ii 127), '이것'(I iii 62), '환상'(I i 54), '이방인'(I v 164), '현전(재)의 물건'(I v), '정상이 아닌, 방황하는 정신'(I i 155/I iv 6), '환영', '사물의 형식'(I ii 210), 그리고 유령이 다시 나타났을 때, 다시 '물건'으로 호칭된다. 물론 유령 그리고 귀신이라는 말로도 표현된다. 그러나 유령에 대한 가장 의미심장한 말은 햄릿이 한다: '몸은 왕과 함께 있었지만, 왕은 몸과 함께 있지 않았다The body was with the King, but the King was not with the body'(IV ii 24-26).

고유성이 비어 있는 몸, 누구에게는 보이고 누구에게는 보이지 않는 이 몸, 물건이 유령이다.

③ 고유한 왕이 없는 몸, 보이기도 하고 보이지 않기도 하는 이 물건·물질을 몸으로 가진 유령은 그럼에도 불구하고, 가장 중요하다고 햄릿은 말한다('The play is the thing.' II ii 604). 여기서 play는 『곤자고의 살해』를 뜻한다. 그리고 물건은 유령이다. 이 '극중극'은 이중 허구, 유령임에도 이것이 가장 중요하다고 햄릿은 말한다. 이러한 유령인 '이것'

이 『햄릿』이라는 극에서뿐만 아니라, 실제로 서구 정치·경제·역사 및 혁명정신까지 결정지었다. 유령인 '이것It·Es·Ça·Matter·Thing'에 서구 철학은 정신, 존재, 원-기억, 고유성이라는 매우 거창한 이름을 부여했던 것이다.

④ 극중극을 it으로 받고, '극이 가장 중요하다The play is the thing'는 문장을 다시 고쳐 쓰면, 'it matters'이다. matter와 thing은 동일하게 물건·물질이다. 'it matters'와 'The play is the thing'은 영어에서 다 같이 가장 중요하다는 뜻이다. 즉 이중 허구 혹은 극중극이 가장 중요하다는 뜻이다. 그러나 이를 직역하면 '물질화된다it matters'다. 영어 'it matters'를 같은 뜻의 프랑스어로 고쳐 쓰면, 'il s'agir'다. 프랑스어 agir는 '활동하다'이다. 물질·이중 허구·유령이 가장 중요하고, 이것이 끊임없이 개인 안에서 그리고 역사에서 활동한다는 것이다. 햄릿 선친 유령이 그러하듯, 허구의 공간인 무대·땅 밑에서도 말하고, 무대·땅 위로 등장해서도 말하고, 반복적으로 등장하고 퇴장한다. 유령은 부지런히 활동한다. 얼굴을 덮고 있는 면구는 영어로 비버beaver인데, 이 비버의 또 다른 뜻은 '매우 부지런한 사람'이다. 『햄릿』에서 그러하

듯, 그리고 역사에서도 유령은 결코 활동을 멈추지 않는다.

⑤ 어떤 이에게는 보이고 어떤 이에게는 보이지 않는 유령의 몸·물건·물질은 무엇인가? 이것을 데리다는 '역내투화'라 한다. 물질이지만, 유령의 몸은 실제의 몸이 아니다. 서구 철학은 아무것도 아닌 허구, 그러나 마치 살아 있는 것과 같은 '유령효과'에 몸을 부여한 것이다. 그러나 이것 역시 역육체화(203/126)로, 시체화이다.

⑥ 『햄릿』에 등장하는 유령은 면구, 투구, 그리고 발끝까지 내려오는 갑옷을 입고 완전 무장을 하고 나타난다(I ii 227-230). 딱딱한 마스크로 인해, 유령의 고유성은 영원히 연기된다. 이는 '차연'(유령)이 끝없이 미끄러지지만, 이의 고유성은 영원히 연기되는 것과 동일하다. 이런 이유로 유령은 데리다 '차연'의 또 다른 기표이자 대체다. 고유성이 영원히 연기되는 유령의 속성을 데리다는 '면구와 투구의 효과'(170/104)라 했다. 몸 전체를 덮은 철갑옷은 고유한, 생물적인, 살아 있는 몸을 대체한 허구, 헛것으로 자신의 정체성을 숨기는 마스크이다. 따라서 유령의 본질이란 철저하게 비본질적이며 익명성이다.

⑦ 유령은 비본질적임에도 불구하고 가장 구체적인 계급을 드러낸다. 햄릿 부왕의 유령specter이 착용한 면구, 투구 그리고 갑옷은 그가 왕권scepter의 소유자임을 드러내듯이, 유령은 신분과 계층을 분명히 나타낸다(28/8). 이뿐만이 아니다. 딱딱하고 정체성·고유성 없는 마스크는 제도적·문화적 보호 아래 이데올로기의 핵이 된다(203/127). 그리고 이 '환영적 투구'는 마르크스의 『독일 이데올로기』와 『자본론』에서 프로그램의 일부로, 그리고 수사 중의 수사로 작용한다(194/119).

⑧ 유령은 철저하게 그 고유성을 감추기 때문에, 늘 문제가 될 수밖에 없다. 데리다는 자신의 해체는 철저하게 문제제기임을 여러 곳에서 강조했다. 따라서 『마르크스의 유령들』에서 데리다가 마르크스의 유령의 필요성을 언급하는 이유는 햄릿 선친의 유령처럼 잘못된 시대를 조사하고 이에 대해 문제제기를 하기 위한 것이다. 유령의 출현을 두고 호레이쇼가 말했듯이, '국가의 어떤 전복을 예고'하고 국가와 시대를 조사(I v 156)하라는 뜻으로 해석한다. 유령specter은 안을 철저하게 조사하는 사람in-spector이다. 이는

데리다 해체가 기존의 모든 텍스트 안을 철저하게 그리고 미세하게 조사하는 것과 동일하다. 데리다의『마르크스의 유령들』의 취지는 마르크스의 유령·정신을 소환하여 현 자본체제 안을 철저하게 그리고 미세하게 조사하자는 것이다.

미세하게 조사하는 이유는 전통적인 존재론처럼 과거로 되돌아가면서revenir 기계적 반복을 피하기 위한 것이다. 미래에 도래할arrivant 타자를 위해 작금의 사태를 철저하게 조사하기 위한 것이다. 즉 지금의 자유방임 자본주의 경제 체제, 국제법, 그리고 민주주의에 대한 문제제기problem를 위한 것이다. 이 문제제기는 두말할 필요 없이 데리다 자신의 해체적 사유와 글쓰기를 통해, 자신이 추구하고 기다리는 도래할 타자를 방해하는 것을 방해하며, 도래할 타자를 방어problema하기 위한 것이다.

⑨ 유령의 속성 중, 다른 것으로 환원되지 않는, 그래서 유령의 가장 고유한 특징은 <u>누군가의 타자는 우리를 보고 있다</u>(27/7)는 것이다. '누군가의 타자'는 유령이지만, 유령이 정확하게 누구를 대신하는지 우리는 정확하게 모르기 때

문에 누군가이다. 그러나 유령은 모든 것을 지켜보고 있다. 물론 우리 눈에는 보이지 않지만, 유령은 미래, 현재, 과거라는 일직선적 시간을 초월해서, 우리가 유령을 바라보는 것보다 훨씬 더 오랫동안 우리를 바라보고 있는 유령의 이 선행성과 항구성에 준해, 절대 극복 혹은 통제할 수 없는 이 시간적 비대칭성에 따라, 한 세대가 아니라, 여러 세대에 걸치게 될지도 모르는 시대착오적인 법, 즉 현재의 법을 넘어서는 법을 만든다. 이는 정의의 문제와 직결된다.

유령이 쳐다보고 있다는 느낌을 그러나 우리는 정확하게 확인할 수 없다. 면갑과 투구, 그리고 갑옷의 효과 때문이다. 유령이 우리를 쳐다보지만, 유령의 세계로 건너가 이를 만질 수도 확인할 수도 없다. 일직선상의 시간을 초월해 이런 유령을 만들고 이런 법을 만드는 자도 명령하는 자도 우리는 모른다. 유령이기 때문에 맹세하라고 명령하는 자가 누구인지 실제로는 정확하게 모른다. 이런 자로부터 나오는 명령에 복종해야 하기 때문이다. 누구인지 모르기 때문에 목소리에만 의지해야 한다. 그의 비밀과 그의 기원에 대한 맹목의 복종이다. 그럼에도 불구하고 이것은 모든 타자들에게 필요조건을 설정한다. 이는 항상 여전히 누군가의 경우일지도 모른다. 또 다른 이, 즉 타자는 항상 거짓말을 할 수 있고, 그는 유령으로 자신을 위장할 수 있다. 유령은 위험할 수도 있고, 사기꾼일 수도 있고, 혹은 예언자나 선지자일 수도 있다. 악일 수도 있고 선일 수도 있다. 가려내는 일은 우리들의 몫이다.

⑩ 유령은 무수히 많은 다른 유령들과 무서운 속도로 관계를 맺으며, 단위생식으로 증폭된다(242/152). 수정하지 않고도 난자가 생성된다. 유령은 어머니이자 아버지여서 성이 없다. 움직이는 동시에 움직이지 않는 물건이지만, 무수히 생성된다. 동시에 서로에게 전염시키고 전염되는 사회성과 잡종성이 그 특징이다. 이런 이유로 순수한 차연이 없듯이, 순수한 유령은 없다. 유령 또한 인간만큼이나, 혹은 인간 또한 유령만큼이나 사회적 활동을 한다. 역사와 우리의 사회활동이 그러하듯, 나름대로의 항구성, 일관성, 그리고 통일성이 있다. 그럼에도 불구하고 개인의 의지와 생각 없이, 그래서 철저하게 타동적으로 동시에 이 자체적으로 발생되는 자동적 자치성이 유령의 속성이다. 바로 이

런 이유로 유령은 일종의 기계적인 자체적 자유의 삶을 갖는다. 이것이 시장을 형성한다. 이 시장은 칸트의 계기판의 네 개의 범주를 통해 대상에 대한 우리의 인식, 즉 가상이 결정되듯, 상품도 시장(사각무대)에서 그 값이 정해지기 때문에 칸트의 계기판과 유사하다. 폐쇄된 사각 속의 허구, 시장, 무대Table에서 상품가격은 결정된다. 이것이 유령화이다. 자동 기계성과 자치성으로 이 나무 탁자는 마치 즉흥적인 듯 움직인다. 마치 동물처럼, 생생하게 살아나는 것 같지만, 그러나 사실은 인위적인 몸으로 남으면서, 딱딱하고 기계적인 인형이 되어, 시장경제 프로그램이 지닌 기술적 경직성에 복종하는 춤을 춘다. 죽은 유령은 이렇게 해서 시장, 탁자Table에서 생명과 정신을 얻는 듯하다. 마치 살아 있는 존재가 되는 듯하다. 그리고 이 탁자, 시장이라는 무대는 순간적으로 예언적 개를 닮는다. 탁자의 네 다리는 마치 살아 있는 개의 네 다리처럼 벌떡 일어난다. 다른 동료 개들을 마주할 준비가 된 채, 아이돌은 이렇게 법으로 정해진다. 그러나 거꾸로 이 예언적 개인 상품을 움직이게 하고 활동하게 한 정신, 영혼, 혹은 삶은 물질의 불투명하고, 무겁고 무기력한 목질의 나무 같은 사물성 안에 갇혀 있다. 이것이 바로 자동성의 마스크이다. 이것은 면구이고, 이 면구 뒤에는 살아서 바라보고 있는 눈길이 없다. 항상 살아 있는 눈길을 면구로 감추고 죽어서 생존한다. 교활하게, 창조적으로, 기계같이, 동시에 고유하고 예측 불가능한, 이 시장경제의 기계 전쟁은 바로 이 무대에서 벌어진다. 무대를 건너가는 것을 우리가 본 것은 유령으로, 이는 사이비 신성, 신, 하늘에서 떨어졌는지, 아니면 땅으로부터 나왔는지는 모르지만, 그러나 비전은 역시 살아남는다. 사용가치와 크게 유리되기 때문에 비정상적이지만, 과다한 투명성, 즉 상품가격은 유지된다(243-245/153-154).

⑪ 마르크스가 『자본론』과 『독일 이데올로기』에서 유령에 대해 다음과 같이 정의한 것을 데리다가 길게 인용했다.

종교적 유령에 대한 믿음, 그러므로 일반적으로 유령에 대한 믿음은 표상을 자치적인 것으로 간주하는 것이고, 이것의 실재 근원과 생성을 망각하는 것이다. 유령이 지닌 가짜 자치성을 흩어 버리기 위해서는 생산과 테크노 경제적 교환 양상들에 대해 재고해야 한다. 원시인들은 그들 앞에 있는 낯선 것들을 그들이 이해하고 상상한 대로 통일체로 만든다. 이러한 의식, 즉 통일체는 다른 개념이나, 자의식, 혹은 이와 비슷한 난센스로 이해될 수 있는 것은 결코 아니다. 다만 여태까지 존재하지 않은, 지금부터 존재하는 생산과 교류 양식으로 이해될 수 있다. … 기차·철도의 사용가치는 헤겔 철학으로부터 독립된 것이다. 만약 그가 비본질성 물질에 근거하는 종교의 본질에 대해 말하기를 원하면, 그는 '인간의 본질'이나 신의 본질에 대한 술어에서 그것을 찾지 말아야 한다. 대신 종교 발전이 이루어진 각 단계마다 존재했던 본질적[마르크스에게는 물질적] 세계에서 찾아야 한다.

우리가 파일로 정리한 모든 유령들은 표상들이다. 이러한 표상들은 ─(슈티르너도 그랬듯이) 그들의 실재 근거는 옆으로 밀쳐 두고─ 사람들 머리 안에 들어 있는 생각들처럼, 의식의 내재적 표상인데, 이것은 외부의 객관성이 다시 주체의 주관적 의식 안으로 되돌아간 것으로 이는 강박관념, 혹은 고정된 이념들이다. (271/171)

머리 밖에 있는 것이 머리 안으로 들어와 머리 안에 머물면서 추상화되면서 주관적 표상이 되어, 이것이 다시 밖으로 나가 밖에서 생존하는 것이 유령이다. 마르크스는 유령의 추상성과 주관성으로부터 벗어나야 함을 강조한다. 이런 이유로 마르크스 유물론은 서구의 계몽주의를 따르고 있다. 자신의 해체 또한 그러하다고 데리다는 강조했다. 데리다는 각 시대에는 그 시대의 대표 유령이 있고, 이의 배경 그림도 있다고 한다. 그러나 우리가 여기에 머물면, 사건도, 해체도, 정의도 없다고 데리다는 단언한다.

⑫ 마르크스는 사용가치 vs 통화 혹은 상품가치를 고수하면서, 후자를 유령이라 간주했다. 상품가치 역시 유령처럼 눈 깜짝할 사이도 없이 유령화된다. 그래서 마르크스는 '주술적 속임수'(202/127), 그리고 데리다는 '허구의 강타'라 했다. 이런 이유로 속임수인 통화(상품)가치를 제거해야 한다고 마르크스는 믿었으나, 데리다는 이것은 불가능하다고 지적한다. 처음부터 사용가치가 상품가치라는 것이다. 왜냐하면 상품 자체가 처음부터 이미 다른 사람을 위해 만들어지고, 다른 상품과의 차이에서 그 값이 정해지기 때문에

고유한 사용가치란 처음부터 존재하지 않기 때문이다. 이러한 상품가치와 돈에 대해 '모든 것을 획일화시키는 시니컬한 창녀'라 했던 마르크스의 독설은 유명하다. 마르크스처럼 이상주의자인 타이먼은 해변에서 많은 금화를 우연히 발견, 다시 부자가 되었으나, 돈이나 말, 즉 유령으로 지배되는 아테네로 돌아가지 않고 해변에서 죽으면서, 돈·상품가치·유령을 저주한다.

이 노란 신神은

흑과 백, 추와 미, 부정과 정직, 미천함과 고귀함, 노老와 소少,

겁쟁이와 영웅을 뒤바꿀 수 있다.

…

눈에 보이는 신인 너,

의자에 앉은 의원들로 하여금 존경을 표하게 하며

… 도둑에게 직위를 부여하게 만든다.

노란 노예인 돈은 성욕이 다 없어진 쪼그라진 노파를 다시

신부로 만든다;

수용소 병원에 있는 위궤양 환자의 비위마저도 상하게 하는

이 노파를

향유와 향료(돈)로 다시 4월의 꽃으로 만든다.

(셰익스피어 『아테네의 타이먼』 IV iii 28-42)

유령·돈에 의해 완전히 결박당한 우리 역시 유령이다. 데리다는 자유방임 경제체제하에 있는 우리들을 유령·물신의 힘에 결박된 채, 강신降神으로 몸을 떨며, 세앙스에 참석한 사람들에 비유했다. 유령 이야기가 전하듯, 강신이 되면, 헛것인 유령을 실체로 착각하는 우리들은 점차 상품가치와 돈에 의해 전염된다. 그리고 이 상품가치는 자본제하에서는 절대적 가치와 법의 탁자가 수없이 생성되는 유령들로 인해 빙빙 돌아간다(204/127). 이것이 나무 탁자가 빙빙 돌아가며 추는 원무(264/167)다. 탁자의 이 원무가 진행되면, 지나치게 과다하게 내 고유성은 전적으로 부정당하며 빼앗기게 되고, 환영이 무한대로 잉태·분만되는 잠자리가 수북이 쌓인다. 이렇게 해서 속임수 유령은 여러 개로 그리고 시리즈로 무한대로 생성된다. 세앙스의 탁자가 빙빙 돌면, 우리도 현기증을 느낀다. 그리고 탁자 다리 네 개는 네 다리를 가진 '예언적 개'가 되어, 이 시대의 우상이 된다. 우리 모두 이 우상을 바라본다. 이는 나쁜 극장 안, 무대 위 배우, 즉 비정상적 거울·유령들을 계속 보면서, 우리는 이것들을 닮아 가다가 결국 동일해진다(247/155). 이 결과 우리는 유령성이 지닌 극장성과 사회성을 모르게 되고, 이것을 자연스러운 것으로 받아들인다.

마르크스가 말하는 인간소외가 극에 이른 것이다(243-244/152-153). 세상과 역사는 유령들인 우리들의 난무가 펼쳐지는 무대이고, 자유방임 경제체제에서 혼신을 다해 살아가는 나, 너, 그리고 우리들은 이 무대 위에서의 자동인형기계들, 유령들이다. 돈에 지배되는 이 유령들인 우리들은 맹세할 능력이 원천적으로 결여되어 있다. 타이먼이 저주했듯이, 돈 때문에 우리들은 맹세할 능력이 없다(You are not oathable. IV iii 138). 이 결과 약속은 배신에 대한 충의가 될 뿐이다. 타이먼의 저주, '약속은 하라. … 그러나 수행하지는 말라Promise. … But perform none'(IV iii 73)는 말이 드러내는 이중결속 혹은 아포리아는 돈으로 모든 것이 지배되는 사회에서는 피할 수 없다. '돈 앞에서는 신도 웃는다'(영국 속담). '요

로마다 돈을 뿌려야 성공할 수 있다'(프랑스 속담). 그리고 '유전무죄, 무전유죄'. 종교는 상략의 도가니가 되었고, 대학은 폴리페서polifessor와 보직 중독 교수들에 의해 모든 규정이 입안되고 시행된다. 따라서 '숨 길이가 긴 연구를 진작시키겠다'는 대학의 구호와 약속은 반복되지만, 이 말을 순진하게 믿는 교수는 위험해진다.

4장
데리다와 마르크스의 유사성

데리다 해체는 늘 이중적이다(『입문』 65). 물론 이는 이원 구조를 피하기 위해서다. 마르크스가 이원구조가 불가능 하다는 것을 알았음에도 불구하고 이를 고수했음을 우리는 앞에서 읽었다. 이는 마르크스를 데리다가 해체한 것이다. 동시에 데리다는 자신의 해체가 마르크스로부터 계승해야 할 것이 무엇인가를 구체적으로 밝힌다.

① 급진성: 데리다는 마르크스의 유물론을 두고 세 가지 트라우마를 합친 것이라고 할 만큼 충격적이고 급진적이라 했다(160-161/97-98). 세 가지 트라우마란 다윈의 『종의 기원』, 코페르니쿠스의 지동설, 그리고 프로이트가 말한 '무

의식이 의식을 점령한다'는 설이다. 왜냐하면 이 세 가지 트라우마가 플라톤, 아리스토텔레스, 데카르트, 칸트, 그리고 헤겔, 후설 등 서구 주요 철학자들이 고수해 온 이성, 중심, 절대정신, 신, 진리를 복구가 불가능하도록 붕괴시켰기 때문이다. 마르크스의 유물론은 전통 철학이 시도했던 이론적-사변적 전복과는 다른 것으로, '지진에 비유할 수 있는 사건'이며, 바로 이 점이 데리다 자신의 '해체이전 단계'(269-270/170)로서, 자신의 해체와 상응한다(168/103)고 말한다.

데리다는 마르크스의 이러한 급진적 입장이 미래로부터 온다고 했다. 데리다 자신의 해체 역시 미래로부터 온다고 했다. 바로 이 급진성 때문에 데리다의 해체와 마르크스의 유물론은 엄청난 저항에 부딪히게 된다. 데리다와 마르크스, 두 사람 모두 유대인이었고, 이방인이었다. 마르크스는 독일 연방국 프러시아 혁명에 가담했다는 이유로 체포되었으나, 다행히 방면된다. 그러나 결국 추방당했고, 영국 런던에서 불법이민자로 불안정한 경제적 상황 속에서 살다가 생을 마감했다. 데리다 역시 유대인이라는 이유로 수난을 당했고, 학자가 된 이후에도 엄청난 저항에 시달려야 했다. 미래로부터 오는, 시대를 앞당기는 사람들을 거세하고, 현 상태에 안주시키려고 하면 안 된다고 데리다는 말한다 (276/174).

② '지금' 그리고 '여기'의 현장성: 마르크스의 입장을 극심하게 요약하면 '태초에 계급투쟁이 있었다'라고 할 수 있다. 이는 데리다의 해체를 극심하게 요약한 말, '태초에 차연이 있었다'와 유사성이 있다. 이 두 선언의 말은 모든 것이 철저하게 역사와, 지금 그리고 여기 현장성·물질성에서 시작되어야 함을 강조한 것이다.

마르크스는 경제체제와 현재의 제도 모두가 유령성(허구)에 근거한 것으로, 언제라도 바꿀 수 있다는 사실을 증명했고, 그것을 바꾸기 위해 철저하게 기존의 체계를 분석했다는 사실은 데리다의 해체 전략과 상응한다. 그 분석의 근거는 데리다 해체도 마르크스처럼, 철저하게 사회제도와 수행적 차원에서 '지금' 그리고 '여기'에서 드러나는 문제에 적극적으로 개입한다는 점에서 유사하다. 화행 이론이 중시하는 '지금' 그리고 '여기'를 데리다는 출발점으로 삼는다.

그러나 데리다의 해체는 화행 이론과는 다르다. 화행이론 가들이 말하는 수행적 차원에서 기존 전통에 따라 수행하는 것이 아니라, 이로부터 파격적인 이탈로 다른 제도와 말, 그리고 법을 만드는 것을 뜻한다. 자연스럽게 느껴지는 것을 탈구시키는 것이다. 이는 우리들의 '당연과 물론의 세계'를 탈구시키는 것이어서, 화행 이론과는 대척점에 있으나, 출발점은 화행 이론이 중시하는 '여기' 그리고 '지금'이다.

③ 역사의식: 데리다는 정치·경제학자 중 마르크스의 역사의식이 가장 탁월했다고 평가했다. 마르크스는 역사의 연속성을 부인하면 안 된다고 강조하면서, 자본주의는 봉건주의와 귀족사회의 체제를 무너뜨린 매우 효율적인 체계였다는 것을 인정해야 한다고 강조했다: '…보다 개선된 생산관계는 구舊사회의 자궁 안에서 성숙해지기 전에는 결코 나타나지 않는다.' 마르크스는 그 당시 자신과 유사한 입장을 표방한 많은 사회주의자들의 담론을 가차 없이 질책했다. 봉건사회주의자들은 귀족사회에 대한 향수에 불과하고, 기계화와 산업화를 무조건 반대하는 낭만주의적·자연주의적 사회주의자들과 바이틀링W. Weitling이 주창했던, 중

산층 사회의 물질주의로부터 떨어져 나와, 기독교인으로만 구성된 공동체 안에서 순수 정신주의를 지향하는 것, 이 모든 것은 역사적 관점의 상실이라고 마르크스는 비판했다.

역사의식과 전통은 데리다가 중히 여겨야 한다고 강조하는 것이며, 과학사를 조감한 쿤Thomas Kuhn에 의해서도 강조되었다. 최근에도 자본주의의 폐해에 대한 점검은 구조와 역사성을 통해서만 가능하다는 목소리가 나왔다. '마르크스는『자본론』3권에서 화폐가치가 기존의 실물경제와 유리될 가능성, 그리고 그 가공성에 대해 경고한 바 있다. 그가 명명한 이른바 의제자본Fictitious Capital은 그러한 논리의 핵심 개념 중 하나다. 2008년 서브프라임 모기지로 촉발된 전 지구적 금융위기 이후 현재 진행되고 있는 전 세계의 재정위기는 일반적으로 알려진 것 이상의 구조적이고 역사적인 원인을 갖고 있다'(맥린 외 538). 그리고 '인간의 탐욕과 화폐의 추상성이 특정 매개에 의해 결합하면서 실물로부터의 원심력이 보다 강력해진 현상 중의 하나였다. 버블이라고 불리는 원심력이 갑작스럽게 축소되고 필연적으로 구심력으로 대체되는 혼돈의 상황이었다. 버블의 붕괴를 피할 수 없었다. 정부지출 확대와 통화, 정부레버지리의 확대, 재정위기라는 국면이 다시 시작되고 있다. 구조적 성격을 고려해 볼 때 위기의 진행은 상당 기간 이어질 것 같다. 경제위기의 해법은 역사 안에 있다'(맥린 외 530).

④ 연대를 통한 현실참여: 마르크스가 '철학자들은 세상을 다양하게 해석만 했지, 바꾸려 하지 않았다'고 질책했는데, 데리다 자신도 자신의 해체가 작금의 민주주의와 자본주의의 폐해를 드러내어, 현실을 바꾸고자 하는 열망 역시 동일하다는 것이다. 그래서 『마르크스의 유령들』의 커튼라인Curtain line이 '호레이쇼, 자네는 학자 아닌가. 그러니 유령에게 응대하게!'이다. 지식인들이 앞장을 서고, 지위 고하를 막론하고 이에 모두 참여할 것을 맹세하라고 유령은 독려하고, 모두 이에 맹세한다. 데리다는 '신국제민주주의'라는 미래의 국제민주주의를 도래시키기 위해서는 우선 자본주의하의 민주주의가 드러내고 있는 폐해를 수정하기 위해 타자와 늘 그리고 반드시 견결히 연대해야 함을 강조했고, 이것이 정의라 했다. '모든 것을 타자와 함께, 그리고 모든 타자와 함께 사유하는 것은 선물이다. … 이는 타

자와 함께 가동된다: 모든 타자는 모두 다 같이 함께 타자이다'(169/103). 현실참여는 모두의 의무지만, 특히 지식인들에게 이는 절체절명의 책임이다. 타자란 도래할 정의, 민주주의, 국제법인 동시에 전통이며, 사회적 약자, 약소국가, 재앙, 고유성 부재, 시대착오적 사유, 억압으로 인한 폭력 등이다. 이 모든 것에 고유하게 응대response하는 것은 책무 responsibility라 했다. 지식인들은 이 어두운 시기, 탈구된 시대가 아무런 문제가 없다고 말하는, 혹은 착각하는 현 자본주의 기득권자들의 탈구된 사유, 예를 들면 후쿠야마의 잘못된 혹은 탈구된 사유를 다시 탈구시키는 것이다. 자본주의가 지금 놓치고 있는 것은 자기비판정신인데, 이것 역시 마르크스로부터 배워야 한다는 것이다. 마르크스는 『자본론』을 1867년, 1885년 그리고 1895년, 이렇게 개정을 할 만큼 자신의 생각에 변화를 주었고, 이것을 그대로 기록한 자기비판정신은 바로 계몽주의로부터 유래된 것(144/88)으로 자신의 해체 또한 계몽주의 전통을 철저하게 계승하고 있음을 데리다는 여러 곳에서 피력했다.

⑤ 국제성: 마르크스 공산주의의 별명이 신국제주의였

다. 데리다에 따르면 정치·경제 이론 중 마르크스의 역사적 유물론이 유일하게 국제성을 지니고 있으며(70/38), 정치와 경제가 급속하게 국제화된다는 사실을 이미 마르크스는 오래전에 예견했다는 것이다. 이는 적중했다. 그리고 인간성 전체가 새로운 형식의 노예제도에 복속되며(156/94), 작금의 신제국주의가 공고해지고 있다. 지금 서구의 강국들이 지니고 있는 기술과학 자본, 상징적·문화적·경제적 자본, 국가 자본과 개인 자본에 의해 새로운 제국주의가 형성되고 있다는 사실을 부인할 사람은 없다. 여기에다 서구의 복음주의 낙관론이 자본제가 드러내는 모든 악에 대해 알리바이를 제공하며, 이를 감추게 되면, 미래는 암담하다. 따라서 미래의 '신국제민주주의', 즉 미래의 민주주의, 미래의 세계 자본주의에 대한 궁구와 숙려는 복음주의적 낙관론을 배제한 채 역사에 근거해 시도되어야 한다. 데리다는 작금의 국제주의, 그리고 인본주의라는 말은 매우 빈번히 위선적으로 모호하게(139/84) 사용되고 있음을 지적한다. 칸트도 헤겔도 세계주의를 주창했지만, 이는 철저하게 이원구조에 기반을 둔 서구 중심의 이성, 절대정신, 절대 신에 세계가 속복되는 것을 뜻했다. 데리다가 말하는 세계주의 혹은 국제성은 모든 약소국가들까지의 연대를 통한, 각각의 차이들의 존중과 공존의 세계주의다. 여기서 연대는 조직이나 인터넷을 통한 연대가 아니라, 사회적 의식 진작을 통한 연대다. 이는 소리 소문 없이 진행되고 성장한다. 세계 공동체로 강대국과 약소국 모두에 그 이익이 보편적으로 공평하게 분배될, 도래할 민주주의는 지금의 민주주의와 국제기구에 대한 우리의 견고한 불만 속에, 그리고 연대하여 개선하려고 하는 열정적 반복 속에서 이미 도래해 있다고 데리다는 갈파한다. 그리고 이러한 민주주의는 초강대국에 의해서가 아니라, 약소국가들 그리고 약자들에 의해 앞당겨질 것이기 때문에, 이들을 보호해야 한다고 데리다는 강조한다. 기득권을 가진 사람들이 기득권을 포기한다는 것은 전적으로 불가능하기 때문이다.

『마르크스의 유령들』 제목 일부인 '신국제성'과 '민주주의'는 1845년 10월, 바이틀링을 위해 연대한 대대적인 국제동맹 이름에서 일부 따온 것이다. 데리다가 현 자본주의 체제와 이를 고수하고 지금의 체제에서 기득권을 쥐고 있고,

후쿠야마를 위시해 마르크스를 영원히 땅에 묻으려고 하는 사람들을 통틀어 '신성 연대'라 칭하는 이 말 역시 마르크스가 그 당시 교황의 교권과 왕권, 그리고 자본주의자들을 통칭했던 말이다. 데리다가 이러한 역사의 연속성을 상기시키며, 마르크스가 도모했던 것과 유사한 의식혁명이 작금의 자본제 사회에서도 긴요하다고 주장하는 이유는 여전히 수많은 인구가 억압과 극빈의 상태에 있기 때문이다. 이러한 상황을 타개하기 위해서는 세계인 모두의 소리 소문 없는 연대가 필요하다고 데리다는 강조한다. 사회적 의식 전환이 관건이다.

데리다의 해체가 경첩처럼 기존의 사유와 관계를 맺으면서 동시에 그 관계를 끊었듯이, 데리다가 말하는 도래할 '신국제민주주의' 역시 기존의 취지는 여전히 유지하지만, 동시에 기존의 잣대로 예측할 수 있는 것도, 혹은 국가에 대한 서구의 현대 개념에 의해서 잉태되는 것도 아니다. 또한 칸트가 말하는 이성처럼 추상적이지도 않다. 왜냐하면 데리다는 도래할 민주주의를 도래시키기 위해서는 이미 전염 혹은 오염된 현 자본주의 체제 안에서 이를 철저하게 내

사할 때 가능하다고 주장하기 때문이다. 몇몇 초강대국에 의해 좌우되는 국제기구와 유엔, 그리고 바로 이런 이유로 인권과 민주주의라는 이름으로 진행되는 모든 국제기구의 프로그램까지도 재점검하고 다시 협상해서 만들어질 때, 도래할 '신국제민주주의'가 가능해진다는 것이다. 민주주의라는 이름하에서 기본 이념이 지켜지지 않을 뿐만 아니라, 현대와 함께 잉태한 민주주의 역시 위험한 형이상학의 틀과 알리바이를 감추며, 위선이 횡행하고 있기 때문이다. 국제기구가 평등과 민주주의 인권이라는 이름하에 한 약속 또한 유령적이기는 마찬가지다. 따라서 얼마든지 바꿀 수 있는 것이고 바꾸어야 한다는 것이다. 기성 종교 또한 마찬가지다. 성지를 지키는(264/167) 기성 종교, 즉 '사막에서의 심연'이 말하는 약속과 구원 역시 유령성에 의지하고 있기 때문에, 죽음과 계산, 알리바이, 희망고문, 그리고 협박이 들어 있음도 간과해서는 안 된다는 것이다.

데리다가 왜 이런 신세계주의를 주창하는 것일까? 첫 번째 이유는 초강대국 주도의 신제국주의에 저항하기 위해서다. 신제국주의에 의해 주도되는 한국의 운명을 바라보며,

한국인들은 지금까지 그랬듯이 초강대국의 세계주의를 따라야 할까? 아니면, 데리다가 주장하는 신세계주의를 따라야 할까? 두 번째 이유는 유대인 학살의 이론적 근거가 바로 이원구조에 근거한 이데올로기가 되어, 유대인 대학살을 암묵적으로 정당화하고 있기 때문이다(『입문』 81-82). 이 사실은 후쿠야마를 논할 때 이미 지적되었다. 세 번째 이유는 데리다의 정체성이 끊임없이 유동적인 데서 기인한다. 데리다의 아버지는 스페인에서 박해를 피하기 위해 기독교로 개종했던 유대인이었다. 그 후 그가 북아프리카 알제리에 이주하여 살면서 데리다 가족들은 아랍인들의 이슬람교와 동시에 구교를 접했고, 데리다의 어머니는 천주교 신자였다. 데리다는 프랑스어를 사용했고, 파리에서 대학을 나와, 프랑스 대학 교수가 되었으나, 프랑스보다는 미국에서 엄청난 명예를 얻었다. 바로 이런 이유로 데리다 스스로 자신은 '프로테우스 병'을 앓고 있다고 했다. 박해로 인한 상처는 유대인으로서 받았던 정치적·사회적 상처로만 국한되지 않는다. 서구 인문학의 대체계, 전체화, 그리고 이원구조에 대한 저항으로 인해 겪은 박해와 소외, 유대인이지만, 모국어는 완전히 잘려 나간 채, 프랑스어를 사용해야 하는 이방인으로서 정신적·생물적 주소지 상실이 데리다가 모든 타자들, 모든 세계인들과 함께하는 세계주의를 표방하게 된 이유가 아닐까?

⑥ 아포리아에 집중: 마르크스의 아포리아와 이중 결속, 그리고 과장의 역설은 현 상태에 만족하지 않는, 정의와 진리를 향한 치열한 외침이라고 데리다가 평가했다(76/42). 셰익스피어의 열렬한 독자였던 마르크스는 타이먼의 저주(IV iii 28-42)를 길게 인용하는데, 이는 마르크스가 아포리아와 이중 구속 혹은 결속을 드러내기 위해서라고 데리다는 말한다(78-80/43-44). 데리다 해체도 바로 이 점에 천착한다.

데리다의 해체와 마르크스주의가 일부 포개어지는 점에 대해서는 라이언Michael Ryan의 『마르크시즘과 해체』(1982), 그리고 베누아Jean-Marie Benoist의 『마르크스는 죽었다』(1970)에서 보듯, 이미 꾸준히 지적되었다. 데리다는 자신의 해체가 말하는 '급진화'는 단순히 기존의 틀에 의지하면서 더 깊이 파고드는 것을 뜻하지 않는다고 한다. 이원구조로 현상학을 가장 깊이 파고든 후설의 『이념』이 결국은 이원구조의 해체로 이어지는 징검다리가 되었다는 점에서는 긍정적이지만, 데리다 해체와는 상이하다. 데리다 해체의 급진성은 마르크시즘을 통제하는 '존재론적 통일성의 뿌리, 근본, 기원(원인, 원칙, 原原), 형식화의 절차, 계보학적 해석 과정에서 충분하게 집어넣지 않은 것들에 대한 많은 질문'까지를 뜻한다(172-173 주1/184 주8).

또한 데리다는 자신의 해체, 혹은 사건은 수정주의 마르크시즘도 아니라고 한다. 이런 수정주의자들은 데리다에 따르면, 대체로 이들의 선의와 양심은 무지와 몽매주의에서 잉태하는 것이며, 이들은 세계대전이라는 재앙의 원인을 감추고, 이로부터 이익을 챙기려는 사람들인데, 대표적인 인물로는 가쿠타니Michiko Kakutani가 있다(172 주1/185 주5). 이런 수정주의자들은 현 체제를 고수하기 위해 문제제기를 하는 사람들을 매스미디어를 등에 업고 늘 핍박한다고 데리다는 지적했다.

5장
데리다의 정의, 사건, 해체, 타자, 선물

1. 정의와 결절

'해체는 정의다', '차연은 해체다', '모든 것은 다 해체될 수 있어도 정의는 해체될 수 없다'. 이렇게 천명한 데리다가 가장 중히 여기는 정의는 어떤 정의인가? 데리다는 이 정의의 문제도 햄릿의 말, '시간은 결절되었다'와 긴밀히 연관되어 있음을 드러낸다. 유령과 정의, 그리고 역사와 유령은 햄릿이 의식했든 의식하지 않았든 불가분의 관계에 있기 때문에, 『햄릿』은 정의에 관한 극이라 했다.

햄릿의 말, '시간은 결절되었다'에서 언급된 이 '시간'은 단순히 시간을 뜻하는 것이 아니라, 인종적 윤리, 역사, 그리고 현실을 함께 함의하는 말임을 데리다는 사전(Oxford English Dictionary)을 조회하며 환기시킨다. 그리고 프랑스어로 번역된 『햄릿』에서는 이 '시간'을 도덕과 윤리, 그리고 정치적 함의로 번역했던 사실을 데리다는 지적했다(44/19). 굳이 이런 증거를 데리다가 제시할 필요는 없다. 왜냐하면, 『햄릿』은 그 당시 덴마크가 처한 결절된 도덕과 윤리, 그리고 정치적 정황을 그 배경으로 한 작품이기 때문이다. 타락한 잡초 같은 인간들만이 무성하게 번성하는 현실에서 사면초가에 놓인 햄릿은 자신의 삶 자체를 끝내야 하지 않을까 고뇌하면서 읊는 유명한 대사, '살 것인가, 아니면 죽을 것인가'의 배경이 바로 결절된 윤리, 결절된 도덕, 그리고 결절된 정의였다. 햄릿은 이것을 '바로잡기 위해 내가 태어난 것인가?'라고, 이것이 자신의 운명인가를 자문하며, 많은 주저와 광기에 이르는 신경증을 경험한다.

햄릿은 자신의 아버지를 독살하고 왕권을 찬탈한 삼촌을 마땅히 죽여야 하지만, 죽여야 하는가의 문제를 두고 많이 주저하듯, 데리다는 정의가 죄와 벌이라는 현재 법이 지닌 등가성 자체는 아니라고 한다. 지금이 죄와 벌이 데리다가 추구하는 정의의 준거가 되지 않는다는 뜻이다. 그렇다면 유령이 주장하는, 반드시 있어야 할 것, 존재하지 않으면 안 되는 이것, 즉 정의에 대한 관심·염려가 이러한 등가성의 논리, 옳고 그름의 논리와 교차·포함하면서, 동시에 이것을 어떻게 초과하느냐가 가장 중요한 문제가 된다 (51/23). 등가성을 넘어가는 정의의 궤도는 무한대로 확장된다. 무한대로 열린 정의를 논하기 위해, 데리다는 하이데거가 『초기 그리스 사유』 1장 『파편적 격언』에서 아낙시만드로스가 사용한 '결절'이라는 말에 대해 언급한 것을 인용한다:

결절은 즉시 연접의 부재를 제시한다. 우리는 연접을 옳음과 정의로 번역하는 데 익숙해 있다. 『파편적 격언』에서도 옳음을 처벌로 번역하고 있다. 우리가 만약 이런 법률적-도덕적 의미에 저항하고, 정의를 언어를 통해 오는 것으로만 제한시키면, 결절이 통치하는 것이 무엇이든, 이것은 사태와의 옳음만이 아님을 안다. 이것은 무엇이 결절되었다는 것인데,

우리는 무엇에 대해 말하고 있는가? 잠시 머무는 현재에 대해. (50/23-24)

위의 인용에서 하이데거가 강조하는 것은 세 가지다. 첫째, 하이데거는 정의를 옳고 그름에 따라 처벌하는 지금의 법률적-도덕적 한계로 국한시키지 않는다. 지금의 법(처벌)이 정의의 준거가 되지 않는다는 말이다. 지금의 법 혹은 정의는 엄청난 한계를 지니고 있다는 사실을 상기하면 이 말은 상식이다. 둘째, 하이데거는 정의는 언어를 통해서 오는 것만으로 국한시킨다. 왜? 하이데거는 '존재는 말을 통해 드러난다'고 주장하는 사람이기 때문이다. 하이데거가 여기서 말하는 언어 혹은 말은 독일 시어다. 하이데거는 정의의 문제를 자신의 존재론으로 전유한다. 셋째, 잠시 머무는 현재, 존재, 정의가 있다고 하이데거는 주장한다. 결절에서 어떻게 현재가 잠시 머무는가? 이 역시 하이데거의 존재론으로 가능하다. 하이데거의 존재는 미래로부터 와서 현세의 현재에 잠시 머물다가 다시 과거로 돌아가는 존재다. 여기서 하이데거가 말하는 존재를 예수로 대입하면 이해가 쉬워진다. 미래로부터 오는 예수는 현세에 잠시 머물다가 과거인 하나님으로 되돌아가기 위한 것이다. 그리고 이것은 변증법 시제다. 신의 독생자의 시제이자 여로다. 이 시제는 유령의 시간과 비슷한 것 같지만 확연히 다르다. 유령은 과거, 현재, 미래라는 시제의 명확한 구분 없이 꾸준히 반복해서 출현한다. 우리가 보지 못하고 인지하지 못할 때도.

하이데거는 위의 인용문에 있는 '사태와의 옳음이 아님'을 아낙시만드로스와 니체는 불의로 번역했지만, 이러한 입장은 염세주의와 허무주의일 수 있기 때문에, 하이데거 자신은 '사태와의 옳음이 아님', 즉 결절을 비극적으로 해석하겠다고 말한다. 그리고 자신이 말하는 비극적인 결절은 미학적으로도 심리적으로도 설명될 수 없음을 하이데거는 주지시킨다. 그러나 이미 비극적이란 말 자체가 『오이디푸스 렉스』나 『햄릿』처럼 매우 미학적이고 심리적인 것임을 데리다는 넌지시 지적한다. 단도직입적으로 말하면, 하이데거는 집요하게 그리고 독단적으로 정의의 문제를 자신의 존재론으로 전유하고 있다.

하이데거는 '결절'에 아낙시만드로스가 '명확하게' 두 가지 의미를 내포시켰다고 주장한다. 첫째 의미: 현재는 탈구 혹은 결절된 상태로 우리와 함께 흔적으로만 있다. 둘째 의미: 첫째 의미와 반대다. 결절은 현재가 잠시 머무는 동안에 합쳐짐을 의미한다. 그러나 하이데거는 결절이 이어지는 이러한 연접은 죄와 벌이라는 좁은 의미에서의 정의 실현이 아니라, 결합, 즉 현존 혹은 현재를 주는 것, 다시 말하면 선물을 뜻하며, 머물다 가는 동안에 현존은 결절을 잇는다고 주장한다. 하이데거에게는 잇는 것이 선물이고 정의다: '왔다가 가는, 존재가 사라지는, 이중의 부재 사이에서 머무는 것에서 존재하기는 발생한다. 이러한 "사이"에서 무엇이 머물든 머무는 동안에 모든 것이 이어진다. 이것이 본질적 모으기, 통일화, 그리고 드러내기'(하이데거 40)이다. 이 때 선물, 정의, 연접은 등가성의 죄와는 별도로 주어진다고 하이데거는 강조한다. 정의라는 선물은 시장 논리의 폐쇄성·등가성·대칭성의 정의를 초과하기 때문에, '정의를 복수 혹은 처벌과 동일한 것으로 간주하는 자'들의 의견을 하이데거는 지워 버린다(51/24-25).

하이데거와 데리다, 두 사람 모두 현재 법과 등가성을 지닌 정의가 아닌, 무한으로 열려 있는 정의를 선택한다. 데리다가 정의를 무한으로 열어 두는 이유는 다음과 같다. 우리 안에는 억압을 벗어나도록 추동하는 것, 즉 유령이 있다. 이에 따른 것이 정의라고 데리다는 주장한다. 무슨 뜻인가? 극장의 역사와 정치의 역사가 동일하다. 즉 『햄릿』과 『오이디푸스 렉스』에서 정치와 역사가 전개되듯, 앞에서 우리는 역사도 유령에 의해 주도됨을 읽었다. 이를 상기하면 역사=극장=허구=유령이다. 이는 지금의 정의 역시 허구성, 경제성, 혹은 유령성 안에 있고, 그래서 이러한 한계를 넘어가기 위해 정의를 무한으로 열어 놓겠다는 것이 데리다가 정의를 무한으로 열어 놓겠다는 이유다. 데리다는 기존의 죄와 벌이라는 폐쇄된 등가성 논리를 넘어가는 것이야말로 진정한 정의의 가능성, 즉 데리다 해체와 연결join 되어 합쳐지는conjoin 것이라 한다(55-56/27-28). 아주 길게 보면, 지금의 법도 자의적이고 허구적인 것이기 때문에 현재 법과 정의를 넘어서는 법과 정의를 추구하자는 뜻이다. 이는 상식이다. 셰익스피어는 『법에는 법으로』(1603)에서 윌

씬 현실과 밀착해서 법의 한계를 말한다: '누구는 죄를 지어 흥하고, 누구는 착해서 망한다: 어떤 자는 수없이 많은 악을 저질러도 책임지지 않고, 어떤 이는 잠깐의 실수로 무서운 벌을 받는다'(Ⅱ 137-140). 현행법의 한계에 대해서는 더 이상의 논의가 필요 없을 정도로 자명하다. 그러므로 편재한 법의 한계를 넘어서야 한다고 한 하이데거와 데리다의 말은 상식이다. 그래서 현행법의 한계를 넘어 법을 무한대로 열어 놓는 것이 정의라고 두 사람은 말한다. 그러나 데리다의 정의와 타자는 곧 아래에서 보게 되겠지만, 하이데거와 레비나스의 것과는 전적으로 그리고 절대적으로 다르다. 그렇다면 하이데거는 왜 정의를 무한대로 열어 놓겠다는 것인가? 단적으로 말하면, 하이데거 자신의 존재론에서 말하는 존재, 즉 자신이 믿는 신을 위해서다.

하이데거가 자신의 존재론을 통해 규명한 정의에서 즉각 두 가지 문제가 대두된다. 첫 번째 문제: 준다는 것, 즉 선물 혹은 정의는 무엇인가? 현존 혹은 정의가 부재·결절된 상태에서, 이것을 어떻게 준다는 것인가? 지금 여기에 없는 것, 현존 혹은 정의가 결절·탈구된 틈을 통해 어떻게 지금 여기에 선물이 주어질 수 있는가? 또한 하이데거는 존재로부터 오는 선물 혹은 정의는 존재 그 자체가 아니라, 존재의 대체로 온다고 말한다. 그래서 이 선물, 존재, 혹은 현존의 대체는 시 또는 음악, 즉 허구와 같다고 한다. 마르크스도 데리다도 시라는 말을 사용했다. 그러나 그 의미는 전적으로 다르다는 사실은 아래에서 곧 설명된다. 두 번째 문제: 죄와 벌이라는 등가성의 법이 없어질 뿐만 아니라, 하이데거가 주장하듯, 모든 인간 활동과는 관계없는 것이면, 무한대로 탈구된 틈을 통해 악과 정의의 탈-전유, 즉 감당할 수 없는 불의가 나타날 것이 아닌가? 그러나 하이데거는 이것은 반드시 존재로부터 오기 때문에 이런 일은 발생하지 않는다고 한다.

하이데거는 두어 줄 뿐인 파편 같은 아낙시만드로스의 글을 57쪽에 걸쳐 재해석했다. 이는 아낙시만드로스의 말을 자신의 존재론으로 전유하기 위한 집요한 논쟁이다. 강박적으로, 그리고 독단적으로. 처음부터 하이데거는 아낙시만드로스의 글을 결절 vs 연접, 감추기 vs 드러내기, 혹은 존재 vs 존재자들이라는 이원구조에 집어넣고, 존재가 머무는 것이기 때문에, 결절은 모두 연접과 질서 안으로 포섭된다(하이데거 44)고 주장한다. 또한 자신이 말하는 존재는 신화도 신념도 과학도 아니며, 오히려 이러한 것들은 존재에 독이 된다고 했다. 이에 더해 하이데거는 섬뜩한 말도 한다. '존재를 보는 시인은 이 존재를 보는 순간 빛이 그의 눈을 관통한다'(하이데거 34)고 했다. 이와 비슷한 표현을 마르크스도 했다(이 책 55). 이런 폭력은 이미 그리스 비극의 필수조항이다. 그리스 비극의 대표 주인공 오이디푸스가 자신의 눈을 찔러 아무것도 보지 못함으로써, 역설적이게도 자신의 운명, 즉 신의 섭리를 보게 되어, 이를 받아들였다는 줄거리이다. 하이데거가 말하는 존재에서 온다는 정의란 결국 폭력과 불가분이다. 그러나 하이데거는 이에 대해서는 전혀 논증하지 않고, 존재가 잠시 머무는 동안에는 존재=연접이 존재하면서, 감추기는 드러나기로 바뀌고, 이에 드러나기의 엄청난 공간이 펼쳐진다(하이데거 34, 37, 43)고 한다. 이렇게 해서 하이데거는 모든 것은 여전히 열려 있는 상태라고 다음과 같이 말한다:

존재하는 것은 존재되면서 통일화되고 합쳐진다. 존재하면서 타자들과 함께 머문다. 이러한 타자들의 다양성은 서로 떨어진 것을 모은 것이 아니라, 이 뒤에 있는 어떤 것이 그들을 전체로 포옹하는 것이다. 이러한 존재함은 감춰진 모으기의 서로 다른 것과 함께하기라는 법의 존재함이다. 이것이 헤라클레이토스가 말한 본질적 모으기, 통일화, 그리고 존재하면서 드러내는 것, 즉 존재자들의 존재다. (하이데거 40)

눈에 보이지 않는, 뒤에 있는 존재가 모든 다른 타자들 혹은 존재자들을 존재 안으로 '포옹'하는 것으로 표현했다. 뒤에서 '포옹'하는 이 존재는 하이데거가 믿는 기독교 신이다. 하이데거가 무한대로 열어 놓겠다는 정의의 그 '광활한 공간'은 다시 존재와 존재자들이라는 이분법 안에서 만들어진 존재 혹은 신의 역사役事함으로 획일화되고 폐쇄된다. 질서＝동일자＝모으기＝연접＝존재＝정의＝선물＝타자＝신이라는 공식으로.

바로 이런 이유로 데리다는 이 지점에서 하이데거와 집요하게 다툰다. 첫째, 하이데거의 자기모순이다. 하이데거가 정의의 문제를 철저하게 존재와 결부시키면서, 모든 차이들과 이에 따른 불일치와 불협화음을 동일자라는 이름하에 동일한 것으로 처리할 때, 하이데거는 자신이 현재의 법과 도덕을 넘어 무한대로 열어 놓겠다고 했던 정의의 비대칭을 대칭으로 만들어 폐쇄시키지 않느냐고 데리다는 묻는다(55/27). 둘째, 사막화다. 하이데거는 자신의 정의는 무한대로 열려 있다고 했다. 그러나 하이데거는 그것이 존재로부터의 선물 혹은 정의이지만, 존재 자체로가 아니라, 이의 허구, 즉 시나 음악 작품 같은 것으로 오며, 존재에 대한 사유는 과학도, 신념도, 신화도, 물질도 아니라고 했다. 이러하다면, 이 존재로부터 오는 선물·정의는 결절을 이어 주는 것이 아니라, 오히려 환원 불가의 과도한, 그리고 시대착오적 결절을 드러내는 것이 아닌가? 즉 인간 활동과는 무관한 정의가 아닌가? 모든 차이와 불협화음을 동일자로 환원시키면서, 선물, 정의, 존재는 타자들이 고유하게 갖지 못한 것을 타자들에게 주고 가면서, 모든 윤리와 도덕을 초과하기 때문이다. 이 결과 하이데거가 말하는 정의는 개개 타자들의 윤리와 도덕과 무관한, 광활한 사막과 같은 무한

이 될 것 아닌가? 즉 차이들의 불협화음을 일제히 제거해 버렸고, 모든 법과 모든 도덕을 초과하고 있기 때문이다. 이 결과 행위는 행동이 될 수 없으며, 갚는 일은 반환이 될 수 없다. 모든 것을 동일자로 환원했기 때문에 동일해지는 것 이외에는 이의를 제기하거나 수정할 수 있는 여지를 남겨 주지 않는다. 이것은 '사막화'다.

그러나 데리다 해체는 철저하게 이중적이다. 하이데거의 '차이'를 이용해서 자신의 '차연'을 이끌어 냈듯이, 하이데거가 무한대로 열린 정의를 위해 사막화시켜 놓은 이 터, 즉 사막을 데리다는 자신의 해체를 통해 법과 정의가 무한대로 향할 수 있는 시작의 터로 사용하겠다는 것이다. 이유는? 데리다의 해체가 지향하는 정의 역시 시대착오적이라고 할 만큼 급진적이기 때문이다. 하이데거가 만들어 놓은 사막이 드러내는 무한 결절을 하이데거는 존재, 즉 하이데거 자신의 신에 의해 동질화되면서 이어진다고 했지만, 데리다는 이 사막을 급진적이며 지진에 버금가는 자신의 해체가 시작될 수 있는 시대착오적인 결절로 이용하겠다는 것이다. 결절이 이어진다는 것은 하이데거에게는 종교적 믿음이다. 이것은 우리가 앞에서 다룬 후쿠야마의 논리와 유사하다. 그러나 현실적으로 역사를 보면, 이 결절은 항상 있기 마련이고, 이 결절을 이으려고 노력하면서 역사는 조금씩 발전되었다. 그러나 이 결절은 여전히 또 다른 결절로 상이하게 반복된다. 역사가 언제 위기, 즉 결절이 아니었던 때가 있었던가? 이 사실을 내포하는 아낙시만드로스의 말을 하이데거는 염세주의 혹은 허무주의라 하며 제거했다. 하이데거는 존재론은 종말론이 아니라고 했다. 그러나 모든 결절이 존재, 즉 하이데거 자신이 믿는 신과 이어진다는 낙관론은 종말론이자 유령론이다.

하이데거는 조심을 많이 했지만, 정의를 전체화하고, 폐쇄시킨다. 하이데거가 결절보다는 모으기와 동일자(57/28)를 선호할 때다. 데리다 자신의 해체는 하이데거가 만들어 놓은 사막에서 데리다 자신의 독특하고 유니크한 차이를 찾는다. 구조주의의 '차이'를 지렛대로 사용해서, 구조주의의 '차이'와는 다른 차이, 즉 '차연'을 찾아낸 것과 동일한 전략이다. 하이데거의 사막과 자신의 사막(이 책 167)이 가지는 차이에 대해 데리다는 말한다:

① 타자에게 향한 나의 말로, 결절이 아니라 중단과 개입을 요구하는 것을 존경함으로써 유일무이를 결코 확신하지 않으며, ② 절대라는 것이 이미 수도 없이 많은, 타 버린 ③ 파편에서 산포된 유니크한 차이를 찾는다. 이 유니크한 차이는 반드시 발생하지만, 그러나 이 정의는 다르게 발생할지도 모르는 것의 흔적에서만 발생한다. 그러므로 역시 유령처럼 발생하지 않는 곳에서 발생한다. ④ 햄릿은 극장에서 그리고 역사에서 해피엔딩의 평화를 결코 알 수 없었다. (57-58/28-29)

① 누구의 말도 아니고, 나의 말로 중단시키고 개입하면서 유일무이를 확신하지 않는다는 것은 하이데거의 존재론과 정의에 전제된 전체주의적 폐색에 반대한다는 말이나.

② 타 버린 탄각의 파편인 재에서 불과 불씨는 사라져 버렸다. 탄각의 파편인 재는 그래서 기의 없는 쭉정이 기표, 차연이다. 매미는 날아가고 허물만 남았다. 데리다는 항상 이중적이다. 쭉정이 기표이지만, 이것에 운명을 건다. 동시에 재, 타 버린 파편은 유일무이를 완전히 분쇄한 파편, 즉

데리다의 해체적 글쓰기의 양상인 산포를 기술하는 말이기도 하다. 그리고 해체적 글쓰기로 폐쇄되어 죽은 글을 살려 유동적인 글쓰기로 만들었다. 이 파편, 결절, 재, 허물을 통해 유니크한 차이를 찾았다. 이것이 데리다의 해체다. '차이'에서 '차연'을 찾아내듯이. 그러나 이 차연 역시 재에 불과하다. 그러나 데리다는 이것이 무한 가능성을 품고 있으며, 우리가 가진 것은 이것뿐이라고 강조한다. 그리고 이것을 통해 무한으로 향하는 정의를 모색해야 한다고 말한다.

③ '유령처럼 발생하지 않는 곳에서 발생한다'는 말은 이전 정의와 차이 내면서 찾아낸 정의마저 여전히 표상이며 허구라는 뜻이다. 따라서 완벽한 차이 혹은 정의는 영원히 연기된다. 그럼에도 불구하고 이 차이는 '지금' 그리고 '여기'의 현장에 결착結着해서, 또 다른 사회적 차이를 끊임없이 유도할 수 있다.

④ 후쿠야마와 하이데거의 종말론이 말하는 유포리아를 햄릿은 상정하지 않았다. 역사가 해피엔딩으로 끝난 적이 없었다. 해피엔딩은 순간적이고 이것이 다시 비극과 전쟁으로 뒤집히는 순환이 끝없이 지속되는 것이 우리가 알고

있는 역사다. 그런데 이것을 천년지복설 혹은 존재(하이데거의 신)로 모든 것이 완벽하게 완결된다고 하는 것은 인간 역사 자체를 사막화하는 것이다. 데리다는 하이데거가 정의가 무한으로 향해 있다는 것에 동의하고 하이데거가 만들어 놓은 사막을 자신의 해체를 시작하는 터로 삼으면서, 이 사막은 여기와 지금에 터한 차이의 역사가 진행되어 사막이 되지 않으며, 이곳을 유일무이 대신 차이들로 채운다는 점에서는 하이데거의 정의와 격렬하게 결절한다.

하이데거의 정의나 후쿠야마의 낙관적 종말론은 데리다가 가장 중요한 출발점으로 간주하는 '지금' 그리고 '여기'의 현장성과 물질적 기반을 간과하고, 데리다가 인간의 모든 것의 근원과 근거가 된다고 주장하는 인간 역사와 역사성 자체를 진공화한다(125/74). 데리다는 후쿠야마의 주장과 로마 교황의 주장이 다르지 않다고 비판했다. 하이데거가 주장하는 정의도 이와 비슷하다. 그러나 전혀 다른 의미를 담고 있는 이 두 개의 심연의 사막은 언뜻 보면 닮았다. 데리다 해체도 그리고 하이데거가 존재론으로 감추고 있는 복음주의의 종말론도 모두 시대착오적이다(55/27). 데리다의 해체는 말이 안 될 만큼 현 체제와 불화하기 때문에 시대착오적이다. 신복음주의와 존재론의 이원구조는 3,000년 동안 사용되어 왔고, 그래서 '태곳적인 것 중에서도 태곳적인 것'(242/152)이기 때문에 시대착오적이다. 전쟁과 폭력, 그리고 인종차별주의, 서구중심주의를 끊임없이 유발시킨 이원구조 위에 터하고 있기 때문에 시대착오적이다. 지금도 그러하다(제임스 캐럴의 『예루살렘의 광기』 참고). 따라서 이원구조를 피해 사유하고 행동하는 것은 우리 모두의 의무가 된다.

데리다 해체가 시작되는 터가 사막이란 말의 함의는 시대착오적일 만큼의 급진성이다. 이 급진성은 때로는 위험하고 악을 동반할 수도 있다: '햄릿은 "좋은 결말"의 평화를 결코 알지 못했다: 극장이나 역사의 경우에서는 "결절되었다"는 것은 현존재이든 현재 시간이든 해와 악을 끼칠 수 있고, 이것은 확실하게 악의 가능성 그 자체다. 그러나 "선과 악을 넘어", 이러한 가능성을 열지 않고서는 최악의 필연성만이 남게 된다. 운명 지어진 필연성이 아닌 필연성'(57/29)이다. 결절된다는 것은 결코 평화로운 것이 아니다. 동시에 최악의 필연성이란 결절을 그대로 두는 것을 뜻한다. 최악의 필연성이 결코 우리의 운명이 아님을 데리다는 강조한다. 여기서 안이한 낙관주의를 거부하는 데리다의 검질긴 견인주의가 엿보인다. 누가 데리다를 일러 데카당이라 했던가? 체념하고 운명으로 받아들이는 것이 우리의 운명이 아니다. '운명으로 오는 필연성'이란 말은 햄릿의 말에 물든 표현이다. 여기서도 조심해야 한다. 무엇이 운명인가? 햄릿은 '결절된 시간을 바로잡기 위해 태어난 것이 내 운명인가'라고 자문했다. 결절된 시간을 바로잡을 것을 햄릿과 학자 호레이쇼 그리고 밤 지킴이 마셀러스와 버나도, 즉 지위고하를 막론하고 모든 사람들이 맹세하고 결절된 시간을 고치지 않으면, 즉 우리 모두에게 운명으로 지어진 정의에 대한 의무를 다하지 않으면, 결절된 시간, 불의는 필연으로 남아 운명처럼 된다. 어떤 운명을 선택할 것인가는 또다시 우리의 몫이다.

지진에 버금가는 급진적 결절은 현실에서 일어나는 동시에 미래로부터 온다. 후쿠야마의 낙관론이나 하이데거의 존재론과는 달리 데리다의 해체적 사건은 실제 사건들이며 생각이 행동이 되고, 육체노동과 지적 노동이 어떻게 공유되는가를 밝힌다. 지진에 비유되는 이러한 사건들은 시간, 윤리, 정의, 법이 탈구된 땅, 즉 현실로부터 온다. 그래서 결절 없이는 역사도 사건도 정의에 대한 약속도 없다고 데리다는 강조한다(269/170). 데리다가 여러 번 반복해서 말한 지진에 버금가는 결절, 그리고 이원구조가 수몰되면서, 혼란 속에 이것이 해체되어 데리다 글쓰기의 특징인 파편화되는 광경을 너무나 생생하게 묘사한 시가 있어 소개한다. 19세기 영국 낭만주의 시인, 콜리지 S. T. Coleridge의 「쿠빌라이 칸」(1816)이다.

그러나 아! 삼목 덤불이 덮고 있는 푸른 언덕 아래를 가로질러

경사져 나 있는 저 깊은 로맨틱한 균열!

야만적인 이곳! 지는 달 아래 악령인 애인에게 사로잡힌 여인

이 찾아와 울부짖고 있는

이곳은 성스럽고도 마력적인 곳!

이 균열 사이로 마치 대지가 빠르고 깊은

숨을 헐떡이듯이, 끝없는 소용돌이로 들끓으면서,

거대한 분수가 힘차게 솟아오르는구나.

매우 빠르고 간헐적인 파열 사이사이 파편들은,

마치 거세게 마구 떨어지는 우박이 튀어 올라오는 것처럼,

혹은,

타작하는 사람의 도리깨질 아래에서 왕겨 많은 낱알처럼 튀
어 오른다.

…

그리고 이러한 소용돌이 속에서

쿠빌라이 칸은 전쟁을 예언하는 태고의 목소리를 멀리서 들
었다. (11-21, 29-30)

　여기 이곳은 땅 표면이 아니라, 땅속 심연이다. 정신분석
학적으로 굳이 옮기면 무의식쯤 될 것이다. 또한 여기는 이
분법이 사라진 곳이다. 선과 악, 기쁨과 슬픔, 사랑과 증오,
환희와 고통의 경계가 사라지면서, 지진처럼 땅이 갈라져
거대한 틈이 생겼다. 이 틈으로부터 엄청난 에너지가 솟아
오르면서 혼란 속에서 이원구조는 물론 모든 것이 공중분
해되어 파편이 되어 날아간다. 이 콜리지의 시는 가장 낭만

적이고 가장 초자연주의적인 환상의 시로 평가되어 왔다. 실제로 콜리지는 소파에 누워 잠시 낮잠을 자는 동안 꿈에서 본 것을 꿈에서 막 깨어난 즉시 시로 기록하고 있던 중, 손님이 찾아와 잠시 말을 하고, 그가 간 후, 꿈의 그다음을 상기하려 했으나, 그 나머지는 전혀 생각이 나지 않았다고 한다. 그러니까 시 내용도 파편·결절에 관한 것이고, 시 자체도 파편·결절이다.

이 시를 우리가 앞에서 다룬 아낙시만드로스의 글, 그리고 앞에서 급하게 일견한 프랑스혁명 과정과 연관시켜 읽는다면, 가장 자명한 역사적 사실, 프랑스혁명의 근원적 성격을 기술하고 있다고도 볼 수 있다. 어쩌면 낭만주의적 이상인 만인평등은 이렇듯 왕권과 시민권이라는 이원구조를 벗어났을 때의 혼란, 이에 따른 광기와 폭력, 그리고 결국은 전쟁까지도 선재되지 않으면 안 된다는 사실을 이 시는 인유하고 있는지도 모른다. 프랑스혁명이 염원했던 만인평등에 대한 열망은 아이러니하게도 감당이 도저히 되지 않는 엄청난 무질서와 죽음, 그리고 악까지도 수면 위로 드러나게 했다. 그렇다면 이 시는 단순히 초자연주의적 환상의 세계를 기술한 것이 아니라, 엄혹한 역사적 사실을 기술한 것이 아닌가? 그렇다면 환상 vs 역사, 혹은 꿈 vs 현실이라는 이분법도 없어지는 것이 아닌가?

'결절'이라는 말을 아낙시만드로스도, 셰익스피어도, 하이데거도, 그리고 데리다도 사용했다. 산산이 부서져 파편화되는 것은 데리다 해체 방식이자 양상인 산포다. 데리다가 서구 인문학이 사용했던 이원구조로 인해 담론들이 반으로 갈라져 있는 결절을 통해 자신의 해체를 향도했다는 사실을 여기서 상기하면 이의 중요성을 충분히 알 수 있을 것이다. 수도 없이 많은 텍스트들 ─플라톤, 루소, 데카르트, 칸트, 헤겔, 소쉬르, 하이데거, 후설의 텍스트들─ 이 이원구조로 인해 사람의 입술처럼 갈라진 결절을 데리다는 조목조목 지적해 냄으로 '해체적 전회'를 가능케 했다. 이렇게 쉽게 생각할 수도 있다. 모든 새는 날기 위해 자신의 보호막이었던 껍데기를 깨야 한다. 즉 결절시켜야 한다. 자라서도 이를 못하면 새는 죽는다. 여전히 이원구조의 껍질을 결절시키지 못한 서구 철학은 죽어 있다. 마찬가지로 미래와 정의는 파열, 결절, 틈을 통해 비로소 드러난다. 데리다가 자신의 해체는 심연의 사막에서 발생할 수 있다고 말했을 때의 그 급진성은 바로 기존 종교의 구원주의에 구멍을 내고, 결절시키고, 해체해 낸 '구원성'이다. 이를 데리다는 '구원주의 없는 구원성'이라 했다. 이 '구원성'이 지금의 이분법에 터한 구원주의를 해체시킨 것으로, 전적으로 다른 정의로 나아갈 수 있는 출발이 된다. 이를 위해 기존의 것과 결절하고, 이를 '지금'과 '여기'의 현장과 연결하라는 명령enjoin이고, 이에 우리가 맹세하고 실천하는 것이다. 유령이 하는 것이 아니다. 살아 있는 우리 모두 지위고하를 막론하고 뭉쳐adjoin 함께할 때 정의는 도래한다. 특히 지식인들과 학자들이 앞장서야 함을 데리다는 거듭 강조했다. 유령·허구 없이는 우리는 아무것도 할 수 없다. 그러나 현재의 유령에 머물러 있으면, 정의를 포함한 모든 것은 도래하지 않는다. 많은 사람들이 오해하듯, 데리다가 『마르크스의 유령들』에서 앞으로의 존재론은 유령론이 되어야 한다고 말한 것도 아니며, 유령이 기존의 형식을 뚫는다고 말한 것도 아니다. 살아 있는 우리는 두 손 모은 채 가만히 있고, 유령이 기존의 형식과 제도를 뚫는다?

이 우스개 같은, 유령소설에나 나옴 직한 이야기와 주장이 우리나라 서구 인문학계 중심에 있는 학인들 사이에 유령처럼 나돌면서 그들을 옥죄고 있다. 또한 데리다 해체는 아마드Aijaz Ahmad가 주장하듯 제3의 길도, 수정주의 마르크시즘도, 개량 자본주의도 아니다.

2. 정의와 유령

『햄릿』에서 '시간이 결절'되었을 때 유령이 나타났고, 햄릿 선친 유령은 정의 구현을 명령하기 때문에 『햄릿』은 정의에 대한 극이라고 데리다는 풀이했다. 햄릿은 유령을 두고 '사물의 형식'(I ii 210)이라 하는가 하면, 유령이 또다시 나타났을 때, 다시 '물건'이라 했다. 대문자를 전혀 쓰지 않는 데리다이다. 그러나 이 '물건'·유령을 대문자la Chose·Thing(217/172)로 표기했다. 이유는 뭘까? 데리다는 정의가 가장 중요한 것임을 거듭 천명했다(이 책 155). 그런데 정의 실현을 위해 행동할 것을 명령한 것이 유령이고, 이 유령의 명령에 지위고하를 막론하고 따를 때 드러나는 것이 정의이다. 다시 말하면, 『햄릿』에서 이 물건·유령이 나타남으로써 햄릿으로 하여금 무엇을 해야 할지 생각하게 만들었고, 이 물건·유령은 사유하는 것이 사유하는 것으로만 그치는 것이 아니라, 사유는 죽음을 동반하는 일이 있어도 행동을 뜻한다는 것도 모두에게 알려 주었다. 햄릿 선친 유령이 햄릿, 호레이쇼, 마셀러스, 그리고 버나도에게 여러 번 무엇을 행동으로 옮겨야 하는지를 지시했고, 행동에 옮길 것을 맹세하라고 명령까지 했다. 유령이 데리다에게 가장 중요한 정의가 도래하도록 했기 때문에 대문자로 표기한 것이다.

정의는 유령의 명령과 직결되고 이 명령에 우리가 응함으로써 가능해진다. 이런 이유로 데리다는 『햄릿』을 정의의 문제와 지식인들의 앙가주망을 독려하는 작품으로 간주한다. 『마르크스의 유령들』에서 제일 중요한 말이 되는 커튼라인이 바로 '호레이쇼, 자네는 학자 아닌가. 그러니 유령에게 응대하게!'이다. 커튼라인으로도 강조가 충분치 않다고 생각해서인지, 데리다는 마셀러스의 이 말에 강조의 밑줄까지 쳤다. 이것이 『마르크스의 유령들』의 최종심급이기 때문이다. 학자들의 현실참여를 독려하기 위해 쓴 것이기 때문에『마르크스의 유령들』은 학술저서가 아니라고 데리다는 말했다. 지식인들이 자라목이나 내전보살이 되어, 현실을 모른 체하면 절대 안 된다는 것이다. 현실 문제에 응대response하는 것이 책임responsibility임을 데리다는 거듭 역설한다. 햄릿 왕의 유령은 '잘못된, 탈구된 시대'를 모두 힘을 합쳐conjoin '바로잡을 것'을 명령enjoin하고, 이에 모두, 호레이쇼, 햄릿, 밤 보초병들이 함께 약속할 것을 맹세하라고 (I v 181-190) 반복적으로 찾아와 채근한다. 이런 이유로 유령은 정의를 기원하는 사람conjurer인 동시에 저항의 반란자conjurer이기도 하다. 햄릿 선친 유령은 무대(땅) 위에서 그리고 무대(땅) 밑에서도 반복적으로 다급하게 명령한다.

이렇듯 셰익스피어는 서구 전통 철학이 주장하듯, 세상의 기원은「창세기」에 의해 주도된 것이 아니라, 유령·허구에 의해 주도된다는 것, 그리고 유령이 윤리 및 정의와 연결된 것임을 알고 있었다고 데리다는 지적한다. 이것이 바로 셰익스피어의 천재성이라고 데리다는 격찬했다. 유령은 일직선적 시간을 넘어 반복적으로 늘 찾아온다. 이 말은 정의의 문제는 변증법의 시간과는 달리 시간을 초월해 늘 우리 곁에 머물고 있고, 정의를 실현할 것을 명령하고 있다는 뜻이다. 이것은 어떻게 드러나는가?

① 정확하게 규명되지 않은 유령을 환대하는 것이란 불안감과 이를 제거하고 싶은 욕망을 일으키고 그·그녀를 받아들이지 않으면서, 이방인을 초대하는 것, 환영하지 않으면서 환영하는 가정적 환대. ② 그러나 이방인인 그는 이미 안에서 발견된다. 유령은 우리 자신인 것보다 우리와 더 친숙하며, ③ 이방인의 힘은 독특하며, 그리고 익명성을 띠고 있으며 명명할 수 없는 중성적·비결정적, 능동도 수동도 아니며, 정체성이 없는 것으로, 아무것도 하지 않은 채, 우리가 이에 속하지 않을 때도, 이미 보이지 않게 장소를 차지한다. 자, 이 모든 것은 결국 언어로 표현하기란 너무 어려워, 논리적으로 결정될 것으로도 말할 수 없으며, 이것은 아무것도 의미하지 않는 것 같고, (그럼에도 불구하고) 이것은 말하는 의미를 패주시킨다. ④ 우리가 아무것도 말하기를 원하지 않는 장소로부터 규칙적으로 말하게 만들고, 우리가 말하기를 원

하지 않는 것, ⑤ 그러나 우리는 마치 이것은 더 이상 지식의 체계나 혹은 의지, 혹은 말하려는 의지도 더 이상 아닌 것처럼 우리가 무엇을 말하고 싶은 것인지 모르지만, 이것은 반복해서 되돌아오고, 이것은 다급하게 주장하고, 이것은 우리로 하여금 생각할 것을 주고, 이것은 매번 충분히 저항할 수없는 것이며, 충분히 독특해서 미래와 죽음처럼 고뇌를 안기고, ⑥ 이것은 자동적 반복이라기보다는 이것은 우리로 하여금 이 모두를 모든 타자와 함께 사유해야 할 것을 주장하고, 이로부터 [하지 않으면 안 되는 의무적인] 반복강박이 생긴다. 모든 타자는 다 함께 타자다. (271-272/172-173)

앞에서 우리가 논의한 유령의 속성을 위 인용문은 다 포함하고 있다. 다만 여기서 데리다가 유령을 이방인으로 옮기고 있음을 주목하자. 따라서 이 이방인 유령은 마르크스와 슈티르너가 앞에서 분류한 유령과는 다른 유령이다. 또한 이것Es·Ça·It은 서구 전통 철학이 절대정신, 존재 등 가장 중요한 것을 부여했던 것인데, 데리다는 동일한 단어를 사용하면서, 이전의 의미인 신 혹은 존재를 결절시켜, 전적으로 다른 것, 이방인 유령으로 전통 철학이 가장 중시했던 이것을 대체하면서, 이것을 해체하고 있음도 주목하자. 위 인용문 중, 몇 개의 표현은 부언이 필요할 듯하다.

① '가정적 환대': 프랑스혁명 때 대중들과 혁명투사들은 혁명정신을 지니고는 있었지만, 실제로는 이것을 현실에서 수행하지 못했다. 마음으로는 만인평등을 희망하고 환대했지만, 실제로 이것을 제도로 이끌어 내지 못했다. 그래서 '가정적 환대', 즉 현실화되지 못한 환대라는 뜻이다.

② '우리와 더 친숙하다': 심청이 이야기를 다시 하자. 어린 소녀를 바다에 빠뜨려 죽게 한 이야기는 남존여비 지배 이데올로기에 세뇌당한 조선 사람들에게는 친숙한 것이었지만, 오늘날의 도덕으로 판단하면 기괴하기 짝이 없는 범죄다. 그러나 그 당시에는 여성주의라는 정의가 조선 사회의 법과 제도 안으로 들어가지 못했다. 그러나 여성주의가 사실은 조선 여성들에게는 더 친숙하고 더 고유한 것이다. 왜냐하면 그들이 여성이기 때문이다. 그럼에도 불구하고 조선시대의 정의인 남존여비 때문에, 여성들에게 더 친숙한 여성주의는 그 당시에는 실현되지 못했다.

③ '아무것도 하지 않는' 이유는 여전히 법과 제도 안으로 들어와, 언어를 부여받지 못했기 때문이다. 그럼에도 불구하고, 말없이 장소를 차지하고 존재한다. 그러나 말없는 상태가 영원히 지속되는 것은 아니다. 말없는 이것이 '차연'이 되어 언어를 얻으면서, 데리다 해체가 많은 사람들이 불평하듯 명확하지 않지만, 우리가 논리적이라고 간주하며 명확하게 이해했던 이원구조에 터한 구조주의의 '차이'를 패주시켰다.

④-⑤ 조선시대 여성들은 여성주의를 말하기를 원하지 않았다. 말을 하면 불이익을 보기 때문에. 그러나 그들의 불평등한 처지를 이런저런 통로를 통해 말을 하게 했다. 신사임당은 온몸이 시린 외로움 속에서 친정이 너무나 그립다는 시를 남겼고, 황진이는 자의 반 타의 반으로 대다수 조선 여성들이 엄두도 못 냈던 보폭으로 조선시대의 정의였던 남존여비를 뛰어넘어, 그 당시 말할 수 없었던 것을 자신의 삶으로 말없이 드러냈다.

이원구조로 철학을 했던 모든 서구 철학자들 ─후설, 하이데거, 헤겔, 칸트, 데카르트, 소쉬르 등─ 은 이원구조에 준해 그들의 담론을 펼쳤다. 이 결과 그들의 담론은 사람의 입술처럼 갈라져 있어, 통일성과 유기성을 그토록 중시하는 그들에게 고뇌가 되었다. 그래서 그들은 그들의 텍스트 여기저기에 이러한 고뇌의 흔적을 남겼지만, 끝내 다 말하지 못했다. 데리다는 갈라진, 결절된 이 지점을 비집고 들어가 해체를 유도한다.

⑥은 데리다의 아포리즘이다. 물론 이때 타자란 앞에 있는 '이 모두를 모든 타자와 함께'라는 말에 있는 타자다. 아포리즘은 아포리아를 드러내기 위한 것이며, 니체는 '아포리즘은 게으른 사람을 일깨우기 위한 것'이라 했다. 즉 이 원구조에 의지해, 마치 기차가 두 레일 위를 매끄럽게 굴러가듯 구조주의자들의 사유는 매끄럽고 쉽게 굴러가는 허구의 논리적 관념에 의지하는 것이다. 이것은 나태하다는 말이다. '모든 타자는 다 함께 타자다'라는 말은 겉으로 보면 동어반복이다. 물론 데리다가 이 아포리즘을 통해 인유, 암시하고자 했던 것은 동어반복이 아니다.

하이데거가 말한 정의는 존재·현존으로부터 오고 되돌아가는 정의·선물이기 때문에, 실제 생활하는 우리와는 무관하고 공소한 것이라고 데리다는 비판했다. 데리다가 말하는 타자란 '지금'과 '여기'를 살아가는 각양각색의 서로 상이한 너와 나, 바로 우리다. 데리다의 타자는 레비나스나 하이데거가 말한 존재나 현존이라는 관념이 아니다. 바로 앞의 인용문에서 데리다는 이 타자를 '결코 유일무이에서 찾지 않는다'고 했다. 데리다의 타자는 전체화에 대한 정면 도전이다. 데리다에게는 유니크한 모든 차이가 없어진 타자·우리는 이미 타자·우리가 아니다.

다른 한편으로는 타자는 정의를 뜻하는데, 이 정의 역시 서로 각기 다른 타자들인 우리가 각자의 차이를 인정하고, 이 차이들과 서로 어울리면서 다 함께 만들며 개선되어 가는 도중에 있는 정의다. 그러므로 지금의 정의와는 전적으로 다른 정의, 타자이다. 그렇다면 이는 서양이 구축해 놓은 신학·철학을 급진적으로 허물어 버리려는 시도인가? 그렇다. 『할례고백』(1991)에서 데리다는 말했다: '무한한 신을 무한으로부터 구원하기 위해 나는 글쓰기를 한다.' 신은 무한이라는 이름하에 절대적으로 변하지 않는 것이 아니라, 인간의 글쓰기·사유에 따라 달라지는 신이다: '신은 종이 위에 신이라는 글자가 쓰였을 때 탄생했다'는 유대 시인 자베스Edmond Jabès의 말을 데리다는 인용했다(『글쓰기와 차이』 3장).

데리다는 E. 레비나스의 말에 동의한다. '정의는 타자를 향한 것'(50/23)이라 했다. 그러나 이때 레비나스의 타자는 '발가벗고 있는 자신을 쳐다보는 얼굴의 하나님'이다. 그래서 우리는 이를 레비나스의 '얼굴의 형이상학'이라 칭한다. 한국 여성인 필자는 레비나스와 그의 하나님을 상상하기가 참으로 민망하고 난감하다. 그러나 마르크스가 그러지 않았던가? 원시인들은 자기들이 직면한 세상을, 자신들이 이해하고 상상한 그것을 통일체로 만든다(이 책 135)고. 물론 필자는 레비나스가 원시인이라고 말하는 것이 결코 아니다. 그러나 어마무시한 주제인 신(?)을 논할 때는, 누구나 다 원시인이 되는 것이 아닐까? 데리다는 레비나스가 사용한 타자라는 말을 사용하고, 정의는 타자에 관한 것이라는 레비나스의 말에 동의하지만, 데리다가 말하는 타자, 즉 정의와 직결된 타자는 차이 나는 모든 타자들이 현장과 삶, 그리고 역사 속에서 서로 섞이며 만들어 가는 타자·정의다.

따라서 데리다의 타자 혹은 정의는 하이데거가 정의한, 사막화된 곳, 역사를 진공화하는 그곳에서 존재에서 왔다가 다시 존재로 돌아가는 고정된 타자·정의와는 전적으로 다르다. 하이데거가 주장하는 정의는 모든 인간의 법과 도덕을 초월하기 때문에 인간의 역사성 자체를 지워 버린다. 사막화다. 또한 하이데거가 말하는 존재는 존재에서 와서 존재로 되돌아가기(이 말이 어려우면, 하나님의 독생자인 예수가 이 세상에 와서 다시 하나님으로 되돌아가는 것으로 대입하면 이해가 용이해진다) 때문에, 철저하게 '지금' 그리고 '여기'와 역사에 터한 데리다가 말하는 정의와는 극렬하게 결절된다: '전체화된 지평 안에서의 법칙, 규정 혹은 법률적·도덕적 재현(고유성 복구, 표현, 혹은 재전유를 위한 움직임)에 안주하는 것은 정의와 책임감이 아니다.' 전체화로 되돌아가지 않는 상태, 전체화와 완전히 결절된 상태가 데리다가 추구하는 정의가 드러날 수 있는 가능성의 터라 했다. 이를 데리다는 '심연의 사막'이라는 말로 표현했다. 데리다의 표현은 늘 이중적이다. 기존의 법과 정의와는 철저하게 결절시켜 생기는 심연 혹은 혼란의 사막 같은 곳, 즉 시대착오적이라고 할 만큼 급진적 결절에서, 전혀 예기하지 못했던 도래avenir를 유도하는 정의의 터이다. 여기에서 '심연'이나 '혼란'이라는 말은 데리다 해체가 강조하는 급진성과 무한히 열려 있음을 강조하기 위한 표현이다. 이는 정의로서의 도래의 절대적이며 예측할 수 없는, 그리고 지울 수 없는 독특함을 위한 것이다. 그리고 이는 사회적 차원의 '지금'과 '여기'에서 발생할 수 있다.

> 차이에 대한 존경이자 타자에 대한 존경이다. 이 차이의 독특한 유일함은 절대적으로 철저하게 재와 함께 재 속에서 서로 섞인 것으로, 이런 차이는 결코 유일무이에 대해 확신하지 않는다. 또한 반드시 이러한 차이는 발생한다는 사실이다. 다르게 발생하는 것의 흔적에서만. 그래서 유령처럼 발생하면서, 발생하지 않는 곳에서 발생한다. (57/28-29)

표현은 모호한 것 같지만, 논리만큼은 정연하다. 모든 타자, 즉 정의와 우리들을 전체화시키지 않으면 차이는 반드시 그리고 끊임없이 발생한다는 취지다. 그런데 발생하는 것은 여전히 허구, 흔적, 유령성을 통해서다. 매미가 허물을 벗고 날아간 상황, 분명 매미가 있었다는 사실은 허물로 확인되지만 매미는 지금 허물 안에 없다. 매미를 직접 본 사람도 없다. 직접 보려다가는 눈알이 빠지는 상황에 직면한다(이 책 55, 89, 164). 재 역시 마찬가지다. 미지근한 온기만을 지니고 있는 재가 남아 있는 것으로 보아, 불과 불씨가 있었다. 그러나 이것을 본 적도 없고, 지금 여기에 없기 때문에 다른 곳에서 발생했다. 재는 차연, 흔적, 대체, 환, 유령의 또 다른 기표, 즉 매미 허물에 비유될 수 있다. 그러나 이 재, 허물, 환, 즉 기의가 없는 쭉정이 기표를 무시하면 절대 안 된다. 우리가 가질 수 있는 것은 이뿐이기 때문이다. 차이에서 다른 차이를 드러내는 유령, 환, 허구만이 있을 뿐이다. 따라서 데리다가 가장 중히 여기는 해체적 '사건' 역시 대체에 대한 대체다. 대체, 유령, 재, 허물에 무한 가능성이 있지만, 기존의 것에 안주하면, 정의도 선물도 아무것도 발생하지 않는다는 것이 데리다 해체의 알짬이다.

3. 정의와 시詩

데리다에게는 두 가지 미래가 있다. 현재의 이데올로기와 제도를 넘어서는, 예측 불가능한 것을 도래avenir라 했다. 도래를 데리다 해체가 지향하는 것으로 '사건'이라 칭했다. 그러나 현재를 그대로 되풀이하는 미래, 현존이라는 절대유일을 가정하고 모든 것을 이에 종속시켜, 현 체제와 가치관, 그리고 이데올로기 및 종교를 그대로 답습하고 되풀이하는 것을 미래futur라 했다.

데리다는 '차연'을 단순히 무한 연기로만 순진하게 이해하면 안 된다고 강조한다(59/31). 물론 차연은 초월적 기의를 무한 연기시킨다. 그러나 '지금' 그리고 '여기'에서의 사회적 혁명은 '구속받지 않는 차연'(59/31)에서 지금의 사회적 변화를 통해 발생한다. 여전히 환이고 유령성이지만. 그러나 이런 상태에서 늦어지는 일 없이, 연기 없이, 그리고 현존이 없는 채로, 그러나 이것은 절대적 독특함, 절대적 차이이기 때문에 사회적 차원에서의 사건은 발생한다. 바로 이런 이유로 '타자성 없는 차연은 없고, 독특함 없는 타자성도 없으며, "여기" 그리고 "지금" 없이는 독특함도 없다'(59/31)고 데리다는 강조한다. 때로는 실패하지만, 그러나 때로는 반드시 사건과 정의는 발생한다. 마치 페레스트로이카가 발생했듯이. 이렇게 해서 미래로부터 <u>사회적 차원</u>에서 발생하는 정의, 혹은 사건은 이원구조에 터한 전체화를 피하면서, '시詩'를 이끌어 낼 수 있다고 데리다는 주장한다.

시간은 여전히 결절되어 있다. 그러나 혁명이 성공할 때는 시간이 결절된 곳(것)에서 혁명의 내용이 혁명의 말을 <u>초과</u>하기 때문일 것이다. 혁명 '자체의 내용'이 더 이상 공포를 야기하지 않을 것이며, 뒤로 물러서서 숨지 않을 것이며, 죽은 고대 모델의 표현과 찌푸린 죽음의 마스크를 쓰지 않을 것이다. 내용이 형식을 초과할 것이며, 구태의 복장을 벗을 것이며, 기호, 모델, 웅변, 그리고 애도를 추월할 것이다. 혁명의 그 어떤 것도 겉모습만의 매너리즘도, 과거에 대한 신용도, 빌린 수사도 더 이상 없을 것이다. 패러독스이지만, 이것은 모든 마디가 형식과 내용 사이에서 풀어졌을 때, 그 순간 혁명의 내용은 흘러넘칠 것이며, 이때 내용은 고유하게 내용

'자체'가 될 것이며 독특하게 혁명적일 것이다. 모든 논리를 동원하더라도, 이것은 시간이 맞지 않는('시간은 결절되었다') 비동일성으로만, 그래서 현재 존재하지 않는 것으로만 재구성된다. … 이것이 바로 시적 차이다. …사회적 혁명은 이것의 '시'를 이끌어 낼 것이다. 바로 시 자체이다. 어제 저기 정치적 혁명과 오늘 여기 사회적 혁명의 사이에 있는 시의 차이다. (189-190/115-116)

데리다가 그리고 마르크스가 '시'라고 한 이유는 이것이 이원구조에 의해 개념화되지 않는 상태에서 여전히 유령성이기 때문이거나 기존의 사회체제에 맞추어 들어가기 직전의 상태이기 때문이다. 혁명은 변화에 대한 국민의식이 기존의 제도와 체계를 흘러넘칠 때, 성공한다. 이는 정치·경제 체계나 제도로 들어가기 직전 비교적 자유롭고 성숙된 사회의식이다. 데리다가 말하는 연대란 이메일이나 조직을 통한 연대가 아니라, 소리 소문 없이 성숙해지는 우리 모두의 사회적 의식이다. 그러나 하이데거도 존재가 선물을 타자에게 줄 때, 시와 같다고 했다. 이때 시는 존재를 드러내는 시를 뜻하며, 이 시는 여전히 이원구조 안에서 보통의 일상적 언어와 대립되는 독일어 시다. 동시에 앞에서 지적했듯이, 역사성과 현장성을 무화시키는 시다.

데리다가 말하는 '시'는 정의가 결절될 때, 미래로부터 오는 것이고 이것은 '차연differance'에 있는 a에 있다. 이것은 이원구조에 있지 않는 a로부터 온다. 이것이 데리다가 말하는 정의·선물·타자이며 이것의 모습은 '괴물스럽고' '전적으로 예측 불가능한 것'이다.

차연의 a라는 철자가 있는 장소 이름은 신학적, 존재론적 혹은 인류학적 순간이나 시간에 의해 지배받지 않으며, 나이도 역사도 없는 것이며 모든 이원구조보다 더 오래되었으며, 심지어 부정을 통해 '존재 너머'도 천명하지 않는다. 경험이지만 그럼에도 불구하고 추상적 추측인 역사적 계시 혹은 인류-신학적 경험의 모든 과정에 대해서 절대적으로 잡종적이다. 이것은 (기성)종교 안으로 결코 들어오지 않으며, 신성한 것, 죄罪 사함, 인간화, 신학화, 문화화, 역사화되는 것을 결코 허락하지 않으며, 성자나 신성한 자에게도 용인되지 않으며, 보증되는 것도 허락하지 않는다. … a의 장소는 이 모든 것에 저항할 것이며, 무한대의 저항의 장소 그 자체이며, 무한하게 동요되지 않은 채 남아 있는 것: 전적으로 다른 것이며 얼굴 없는 것. (식수 26-27)

위에서 식수가 기술한 차연의 a는 데리다가 궁극적으로 지향하는 것(곳)으로, 이것은 '지금'과 '여기'를 까마득하게 넘어서 있다. 동시에 차연의 a는 데리다가 중시하는 '지금'과 그리고 '여기'에 있는 유령성의 기표 a이기도 하다. 데리다는 늘 이중적임을 다시 상기하자. 데리다가 '지금'과 '여기'를 중시하는 이유는 그가 경험주의자나 화행이론가이어서가 아니다. 그렇다면 환영이 끊임없이 명멸하는 '지금'과 '여기'를 그토록 중시하는 이유는 무엇인가? 첫째, 이원구조에 의거하여 일거에 진리·무한에 이르고자 할 때는 항상 몽매주의의 나락으로 떨어지거나, 폭력과 전쟁을 발생시키기 때문이다. 3,000년 동안 서구 담론을 폐쇄시킨 것, 그리고 나치즘과 종교 전쟁을 보라. 둘째, 환을 중시해야 환을 넘어설 수 있기 때문이다. 환은 환 그 이상以上이다. 이는 우리 문화에서는 거의 상식이다: '진공眞空은 공空이 아니고, 형상에 집착하는 것은 진리가 아니며, 형상을 피하는 것 또한 진리가 아니다.' 혹은 '금은 광석에서 나오고, 옥은 돌에서 생기나니, 환이 아니면 진을 구할 수가 없다'(홍자성 333-334). 데리다가 지금과 여기의 환·유령 없이는 사건도 타자도 정의도 없다는 말을 한 이유가 바로 이것이다. 그러므로 지금 여기의 차연·환·대체·가상에 전력투구해야 한다. 그러나 현재의 이것들이 실체가 아니라, 환임을 인정하면서 말이다. 이렇게 되면 우리의 인식은 훨씬 빠르게 앞으로 나아가고, 폭력과 갈등은 줄어들고, 절대 진리라는 이름으로 생명 희생과 무조건적 희생은 결코 정당화될 수 없게 된다.

데리다가 경험주의자이거나 논의를 환에서 끝내기 위한 것이 아니다. 데리다는 훨씬 더 나아간다. 기존의 서구 철학이 정초한 것과는 판이하게, 이원구조에 예속되지 않은, 그래서 전적으로 다른 본체, 초월적 기의, 진리, 정의, 선물에 대한 열정 때문이다. 반드시 지금 여기의 차연 a를 통해, 이것 너머에 있는 차연 a로 향하자는 것이다. 이 a는 현장과 함께 현장 너머를 동시에 품고 있어 시와 같은 것이다. 앞에서 언급한 레비나스의 철학을 '얼굴의 형이상학'이라고 칭했는데, 위 인용문 맨 마지막 말, '얼굴 없는 것'이란 말은 레비나스의 '얼굴의 형이상학'이 의미한 타자와도 데리다의 타자는 전적으로 다르다는 뜻이다.

데리다의 장광의 문체는 바로 이중적 차연 a에 대한 열정에서 기인한다. 이 차연 a는 이원구조를 피하는 글쓰기인 동시에 이런 글쓰기의 지금과 여기 너머에 있는 a이다. 지금 여기에서 진행되는 차연 a의 글쓰기, 동시에 지금 여기에 있는 환, 허구, 유령 저 너머에 있는, 오로지 그림자로만 드러내고 있는 차연 a, 이 두 가지 차연 a에 대한 열정이 드러내는 증상이다. 이 열정은 위기가 도달하는 지점에서 미치기 직전의 고뇌에서 주어지는 확인이다. 그러나 이 확인 역시 말이기 때문에 어쩔 수 없이 중성화, 경제성, 무의미화를 수반하면서, 스트레이트재킷 안으로 구금된다. 그럼에도 불구하고, 차연 a 너머를 향한 사유와 지금 여기 차연 a의 열정적 다변은 늘 대화해야 한다고 데리다는 믿는다. 이러한 다변은 유한한 세계관 너머, 근원 저편으로 나아가려고 하는 데서 생기는 것이어서, 전체성·폐쇄성의 한계를 범람하는 무, 무한, 초과이기에, 항상 전쟁을 치르는 모험이 따른다. 이 모험은 논리-합리주의적 의미가 던지는 전체주의적 폭력에 해체적·미소微小의 폭력을 가한다. 모든 글은 폭력이기 때문에 데리다의 해체적 글쓰기 역시 폭력이지만, 전체화의 폭력을 해체하기 위한 폭력이다. 그러나 이 역시 언어이기 때문에 어쩔 수 없이 항상 경제성, 차연, 언어로 되돌아올 수밖에 없다.

자신조차도 공포에 질리게 하는 이 열정적 다변은 그러나 그리스 비극 주인공들이 지녔던, 가장 큰 죄라고 간주된, 광기에 버금가는 지나친 열정과 의지, 그리고 자존심인 휴브리스Hubris보다 더 나아가는 것이다. 이 그리스의 휴브리스란 한 인간이 지니고 있는 지나친 열정과 자신감이 세계관 안에서 치명적인 결점이 되지만, 비극의 종말 후에 혜안을 통한 병리적 수정을 통해 기존의 세계관에 다시 맞추는 것이다. 이러한 그리스 윤리관이 강화된 것이 기독교라고 데리다는 지적한 바 있다. 따라서 데리다에게는 헤브라이즘과 헬레니즘이라는 이분법도 사실은 존재하지 않는다

(『문학』 21-59). 데리다가 발산하는 열정적 다변은 그리스 신화와 이를 강화한 서구 기독교의 세계관을 실패의 흔적으로 포월包越하면서, 모든 상이한 타자들과 함께, 여태 경험하지 못한 경이로운 세계·타자로 더 나아가기 위한 것이다. 이를 위해 우선 이원구조에 터한 세계관을 넘어가야 한다는 데리다 자신의 확신은 어쩌면 데리다가 흠모한 셰익스피어의 햄릿 말에서 재확인했을지도 모른다: '호레이쇼! 하늘과 땅 사이에는 자네의 철학이 꿈꾸는 것보다 훨씬 더 많은 것이 있다네!'(I v 166-167).

6장
『마르크스의 유령들』에 대한 오독들

　『마르크스의 유령들』은 마르크스주의자들의 즉각적인 반응을 불러일으켰지만, 그 결과는 상서롭지 못했다. A. 아마드, N. 네그리, T. 루이스, 그리고 T. 이글턴의 평은『마르크스의 유령들』의 취지로부터 완전히 빗나간 것이었고, F. 제임슨의 평도 데리다의 의도를 희석시켰다. 데리다는 이들의 오평과 오역에 대해「마르크스와 아들들Marx & Sons」(이하 MS)에서 논박했다. 오평의 가장 큰 원인은 데리다 해체에 대한 전체적인 조감은 물론『마르크스의 유령들』의 콘텍스트도 도외시한 채, 성급하게 단편적인 문구나 문단만을 떼어 내어, 논지의 근거로 삼았기 때문이다.

데리다 해체에 대한 오해는 여러 가지 복합적인 이유들로 인해 초기부터 끈질기게 있었다. C. 노리스Norris는 데리다를 두고 처음에는 문학으로 철학을 해체하려 한다고 했다가, 그다음에는 이성주의자라고 오판하기도 했다. N. 가버, D. 우드, R. 로티 등은 데리다를 '형식주의자', '경험주의자', '상대주의자'로 결론 내렸다. 그런데 이것이 바로 데리다가 해체하는 대상이다. 이 모든 '주의'가 이름은 다르지만, 결국 이원구조에 터한 구조주의의 변형임을 말하면서, 이것을 해체했다.

아마드가 『마르크스의 유령들』을 두고 '은유로 된 관념론'이라고 평한 데 대해 은유를 가장 철저하게 해체한 사람이 자신이라고 데리다는 응수했다(MS 235). 데리다는 「철학의 메타포」와 「백색신화」에서 철학은 은유로 구성된 것임을 자세하게 논하면서 은유에 근거한 철학을 해체했다. 만약 마르크스주의자들이 주장하는 대로 자신이 하고자 하는 것이 정체화이고 화해였다면, 자신은 30년 동안 전혀 다른 글을 썼을 것이라고 데리다는 일축했다(MS 225). 또한 데리다가 원격통신기술을 이용한 전全 지구적 연대를 주장했다고 추측한 것에 대해, 19세기 말 군중선동을 목표로 한 선거 캠페인에 대해서도 할 수 없는 '어처구니 없는 중상'이라 했으며, '부정적이고 우울한 자유주의'라고 평한 데 대해서는 자신의 글에는 엄청난 유머가 있으며, 자신의 해체는 '생에 대한 무한한 긍정'이라고 응수했다(MS 241, 『문학』 107-108, 112).

F. 제임슨의 『마르크스의 유령들』 읽기가 다른 마르크스주의자들에 비해 상대적으로 양호한 이유는 제임슨은 『마르크스의 유령들』과 데리다 자신의 이전의 글들 사이에 있는 연속성을 인지했기 때문이라고 데리다는 지적했다. 그러나 제임슨이 데리다의 입장을 '미학적'(GD 54)이라고 평한 데 대해서, 데리다는 단호하게 '정치적'이라고 했고, '약한 메시아적 힘'(제임슨이 벤야민의 표현을 반복한 것. GD 26, 33)으로 평가한 것에 대해서는, '약한'이란 말과 자신이 표현한 '구원주의 없는 구원성'의 '없는'은 부정이나 부재를 뜻하는 것이 아님을 데리다는 여러 차례 상기시킨다. 또한 자신이 말한 '구원주의 없는 구원성'에는 '무한 도약'이 있다고 했다(MS 246-257). 데리다는 '해체는 <u>무한대로 활짝 열려 있다</u>'(필자의 밑줄). 많은 사람들은 이 '무한대로'라는 말을 전통철학

의 무한주의, 그래서 유사 초월론이라고 급하게 고정시키는 우를 범한다. 데리다는 레비나스의 '얼굴의 형이상학'이 칸트 이전의 무한주의로 되돌아갔다고 혹독하게 그리고 길게 비판했다(『글쓰기와 차이』 4장). 데리다는 제임슨의 입장은 '구원주의적'이지만, 자신의 입장은 '구원적'이라고 했다. 이 말은 제임슨의 담론은 여전히 이원구조에 터해 있지만, 자신의 입장은 이원구조를 포월한다는 뜻이다. 데리다 해체는 이원구조에 터한 형이상학을 수정하는 모조, 약한, 혹은 유사 형이상학이 아니다. 모조, 약한, 유사, 이 모든 개념들은 여전히 이원구조에 근거하고 있기 때문이다. 다시 말하면, 데리다 해체는 그 어떤 이념이나 개념으로 환원되지 않는다. 이념과 개념은 모두 이원구조가 잉태시킨 것으로 데리다의 전全 글쓰기oeuvre는 바로 이를 분쇄하기 위한 것이다. H. 밀러Miller는 데리다 해체는 '지금 우리가 사용하는 언어로 기술할 수 없는 것을 드러내려는 것'이라 했다. 바로 이런 이유로 데리다의 글은 철학적 문제로 요동치지만, 전대미문의 문학적 글쓰기poematic로 범람한다.

　제임슨은 『마르크스의 유령들』은 미학적·준종교적 신비

주의, 유토피아주의, 데리다주의, 혹은 고유성을 포기하는 '미소微小, minimal 담화'(GD 32-36)라고 평했다. 이때 '미소 담화'는 마르크스주의자들이 끊임없이 유혹을 느끼는 존재론과 종말론의 마르크시즘이 아니라, 이원구조를 배제한 구원주의(GD 60)로, 오로지 철저하게 사회현상만을 분석한다고 반박했다. 즉 모든 것이 유령성 혹은 가상성virtuality에 근거한다는 것을 알기 때문에, 모든 구원주의는 유령성을 수정하는 약한 메시아주의(GD 64)이며, 이러한 시도는 이미 W. 벤야민과 브레히트에 의해 시도되었기 때문에 데리다와 이들 사이에는 비트겐슈타인이 말한 '가족 유사성'이 있다고 제임슨은 말했다. 그러나 데리다가 얼마나 변증법을 비판하는가를 알면(『입문』 102-114, 『문학』 111-191), 그리고 브레히트는 자신의 극을 '변증법적 극'이라 칭한 것을 상기하면, 데리다와 브레히트 사이에 가족 유사성이 있다고 말하는 것은 이해하기 어렵다.

데리다는 벤야민과 자신은 점근선적asymptotic 관계에 있고, 서로 교차하고, 닮았지만, 동일한 것이 아니라고 했다(MS 250-251). 이 말의 의미는 자신의 입장은 정과 반의 사유

를 '초과outrance'(『그라마톨로지』 233/116)한다는 뜻이며, 이 '초
과'는 데리다 해체가 무한대로 열려 있다는 말이다. 여기
의 무한은 인간에 의해 글자로 쓰이는 역사를 통해 발전할
수 있는 가능성이 무한하다는 데리다의 믿음과 신념이다.
바로 이런 이유로 데리다는 자신의 '그라마톨로지[해체]는
과학으로 정립될 수 없는 위험을 안고 있다'(『그라마톨로지』
13/4)고 했다. 이 '위험'은 일종의 모험이다. 우리는 콜리지
의 시를 읽으며 이 '위험'과 '모험'의 정도를 음미했다(이 책
174-177). 데리다는 자신이 말한 '구원주의 없는 구원성'은
신념이며, 이러한 신념은 역사적으로 종교나 이데올로기로
결정되면서, 침전되었기 때문에 이것을 막기 위해, 이 신념
을 '교육적 가치', 혹은 '전략적 대응'이라 했다(MS 254-255).
이 신념을 계속 살려야 하는 이유는 지금의 유령성과 가상
성(법, 제도, 체계, 구조)에 안주하면, 역사도 정의도 사건도 타
자도 윤리도 사라지게 되기 때문이다. 또한 데리다는 자신
이 말한 '구원주의 없는 구원성'은 유토피아도 추상적 형이
상학도 아니라 했다. 그의 구원성은 철저하게 '지금' 그리고
'여기'에서 발생되고 있는 사건에 끊임없이 개입, 분석하면

서, 기존의 형식과 체제에 구멍trou(결절 혹은 해체)을 내는 것으로, 이 구멍 없이는 아무것도 발견trouver할 수 없음을 데리다는 초기 저서에서부터 되풀이 강조했다. 이는 도래할 타자를 기다리면서, 욕망과 고뇌, 긍정과 불안, 약속과 협박의 환원될 수 없는 결합이며, 기다림이자 구체적인 행동을 포함하고 있다(MS 250-251)고 데리다는 설명했다.

데리다는 아마드, 이글턴, 스피박, 루이스 등은 『마르크스의 유령들』뿐만 아니라, 마르크스의 사유가 지니고 있는 이중성과 복잡성을 제대로 파악조차 하지 못하고 있다고 평가했다. 이들은 데리다 자신을 형이상학적이며, 추상적이고 비관주의적이라고 비판했지만, 데리다는 오히려 마르크스의 법적 승계자로 자처하는 이들이 마르크스를 더욱 추상화, 유령화시키고 있으며 비관주의적이라고 질정했다(MS 245). 그러므로 이들은 스스로 마르크스의 법적 승계자로, 그리고 마르크스의 아들과 딸들로 자처하면서 유령이 되어 걸어 다니고 있다고 패러디한다. 이들 사유가 퇴보적이라는 뜻이다. 이는 마르크스가 가장 피하려고 했던 것인데, 그럼에도 불구하고, 자신들은 마르크스의 법적 승계자로 자처하고 있는 것이 '코믹'하고 '독단적'이고 '애처롭다'고 데리다는 타매한다(MS 222). 이들은 『마르크스의 유령들』을 '콘텍스트로부터 잔인하게 떼어 내어' 읽으며, 유머와 톤, 문체, 아포리아를 다 놓치고 있다(MS 236)는 것이다. 데리다는 자신의 글을 제대로 읽기 위해서는 우선 콘텍스트를 복원해야 한다고 거듭 강조했다(MS 236, 238). 데리다는 대다수의 마르크스주의자들과는 이별해야 하겠다(MS 253)고 할 정도로 그들의 독법은 부정확한 것으로 보인다. 데리다가 보기에는 위 마르크스주의자들은 자신들이 낸 큰소리를 정당화하지 못하는 거칠고 시끄러운 유령들Poltergeists이다.

『마르크스의 유령들』은 데리다가 반복적으로 강조한 대로 자신이 이전에 쓴 다른 저서와 긴밀하게 연결되어 있을 뿐만 아니라(MS 230), 해체하는 전통 사유자들과 맺는 관계가 이중적이듯, 마르크스와의 관계도 이중적이다. 이 사실을 데리다는 『마르크스의 유령들』에서 반복해서 강조했다(219/230-231). 그리고 필자는 이 사실을 이 책에서 요약했다. 이 사실을 데리다는 이미 초기부터 되풀이 언명했다: '나는 두 개의 손으로, 두 개의 비전으로, 텍스트를 쓴다'(『그라마톨로지』 77/65).

『마르크스의 유령들』뿐만 아니라, 데리다 글에서 한두 개의 표현이나 문구에 고착되면, 위에서 지적한 대로 오독은 불가피하다. 일찍이 데리다는 요약되지도 고정되지도 않는 해체(적 글쓰기)에 대해 '강력하고 동시에 섬세한 복도들은 … 잘못 취급되지 않고서는 요약될 수 없다'(『글쓰기와 차이』 374/254)고 했다. 『마르크스의 유령들』에서 가장 중요한 기표인 '유령'은 '차연'처럼 고정되지 않는다.

그러나 일부 한국 학자들은 유령을 '순수 실천 이념을 개방하는 이념'으로 고정시킨다. 우리가 지금까지 이 해설서를 충실히 읽었다면, 의아할 수밖에 없다. 데리다가 가장 집요하게 해체하는 것이 이원구조다. 따라서 유령은 순수 vs 비순수라는 이분법 안에서 순수에 속하는 것이 아니다. 엄청난 종류의 유령을 이렇게 삼박하게 고정시킬 수 없다. 유령은 감각적인 동시에 비감각적이며, 비구체적인 구체성, 확실한 비확실성, 비가시성의 가시성(이 책 125-126)으로 이원구조에서 벗어나 있다. 개방된 이념이든 폐쇄된 이념이든, 이념은 이원구조로 폐쇄된다. 칸트는 경험세계의 감각, 지각, 직감에 따른 인지 혹은 인식은 비록 처음에는 개별적이지만 시공간의 선험적 관념성Idealität과 경험적 실재성Realität이자, 감성적 비감성이라 정의한 것에 의해 통일적 형식을 갖게 된다고 했다. 선험적 통일성을 가능케 하는 것을 그는 '선험적 통각'이라 했고, 이에 의한 선험적 통일성은 4개의 범주에 의해 구성, 폐쇄된다. 또한 칸트의 선험적·초월적 철학이란 경험세계에서의 인식의 한계를 철저하게 규명함으로써, 이의 한계를 벗어나자는 의도다. 그러나 결과는 의도와는 반대로 경험주의를 가속화시켰다. 칸트의 이념은 형식주의에 속한다. 데리다가 말하는 유령은 네 개의 범주에 의해 구성되는 통일성과 형식을 끊임없이 흔든다. 또한 칸트가 말하는 실천적 이념은 자유와 연결된다고 했는데, 그러나 칸트가 말하는 이 자유는 이성, 혹은 신에게로의 종속을 뜻한다. 종속됨으로써 자유로워진다는 역의 논리에 기초한 것이다. 그래서 니체는 '칸트의 정언명제imperative에는 잔인성의 냄새가 난다'고 했다. 이것이 칸트가 말하는 자유라는 이념이다. 그런데 유령은 이성, 신, 역의 논리에 터한 자유, 이념에 종속되지 않는다.

유령을 간단하게 정의할 수 있다면, 왜 데리다가 유령은 '순수 실천 이념을 개방하는 이념'이라고 말하지 않았을까? 유령은 전통적 철학 용어로 기술할 수 없어, 시詩라 했다(이 책 193). 물론 하이데거도 마르크스도 시라 했다. 그러나 이 두 사람은 이원구조가 불가능하다는 것을 충분히 인지했지만, 이들은 여전히 이원구조 안으로 속박된다. 그러나 데리다의 사유와 유령은 차연을 감안한 글쓰기여서 시poematic라 했다. 이러한 글쓰기는 이원구조로 이입되지 않는다. 데리다가 말하는 유령은 일직선상의 시간을 따르지 않는다. 끊임없이 되돌아오기를 반복한다. 유령이 고정될 수 있다면, 왜 데리다가 『햄릿』에 출현하는 유령을 빌려 유령을 설명하려 했을까? 이원구조에 터한 관념, 개념, 이념에는 반복적으로 찾아올 수 있는, 지금 언어로는 명명할 수 없는 아포리아에서 발생하는 시적詩的 에너지가 텅 비어 있다.

일부 한국 학자들은 왜 유령을 '순수 실천 이념을 개방하는 이념'으로 고정시켰을까? 데리다를 칸트와 헤겔의 뒤를 잇는 충실한 철학자로 환원시키기 위한 것이 아닌지? 그러나 데리다가 가장 집요하게 해체하는 철학자는 그가 '무적의 개념기계'라 칭한 헤겔 변증법과 나치당의 골수당원이었던 하이데거다. 이 두 사람은 칸트의 뒤를 이어 서구 철학 전통을 가장 투철하게 지키려 했던 철학자들이다. 유령을 '순수 실천 이념을 개방하는 이념'으로 환원시키는 것은 하이데거가 그의 저서 『니체』에서 하이데거 자신의 종교적, 정치적 이유로 니체를 서구의 전통 철학을 승계하는 철학자로 전유한 것을 즉각 연상시킨다. 하이데거는 니체의 문체('펜과의 춤')가 무엇을 지향하고 있는지를, 그리고 하이데거 자신도 이원구조가 성립될 수 없음을 충분히 알았지만, 이것을 억압하며, 니체를 나치즘을 대변하는 철학자로, 세계를 구원하는 초인으로, 그리고 이원구조에 터한 서구 전통 철학을 잇는 철학자로 전유했다. 데리다의 엄정한 평가에 따르면, 니체가 서구 전통 철학을 벗어나려는 의도는 충천했지만, 그 전략에 있어 미숙했던 결과로 다시 이원구조 안으로 들어왔기 때문에(『입문』 96-97), 하이데거와 핑크Fink가 니체를 전통적 철학자로 전유할 수 있는 빌미를 주었다.

그러나 데리다는 니체가 아니다. 데리다가 말하는 유령을 '순수 실천 이념을 개방하는 이념'으로 고정시킬 수 있는 빌미를 주지 않았다는 말이다. 서구 학자들이 데리다 글쓰기 기법을 기술하기 위해 약 25개의 용어들을 동원했지만, 데리다 글쓰기 특징 중 한 가지만을 기술했을 뿐, 데리다 글쓰기 특징들의 총합적 기술은 되지 못했다(『문학』 125-126 주 99, 『입문』 5장)는 사실이 데리다 해체를 고정시킬 수 있는 빌미를 주지 않았다는 사실을 증명한다. 유령을 '순수 실천 이념을 개방하는 이념'으로 고정시키는 것은 해체라는 망망한 바다를 손가락으로 측정(以指測海)하려는 것은 아닌지? 하이데거는 나치즘(정치)과 자신의 종교(기독교)를 옹호하기 위해 니체를 윤색했는데, 일부 한국 학자들은 무엇을 옹호하기 위한 것인지? 종교와 철학을 구별하지 못했던 사실 —'서구 철학사는 신학사다'— 을 해체하기 위해, 즉 서구 인문학사에서 거의 3,000년 동안 지속되어 온 공모의 조직, 계보, 계략, 그리고 구성shebang을 데리다가 해체했기 때문에 '해체적 전회'를 계도했다. 그런데 이런 데리다가 다시 '순수 실천 이념을 개방하는 이념'을 표방하며, 서구의 전통 인문학사에 줄서기를 위해, 약 80여 권에 해당하는 독특한 글쓰기로 파헤친 그 공모에 데리다 스스로 다시 가담한다는 것은 상상하기 어렵다. 데리다는 자신의 영향력과 입지를 이용해 자신의 해체를 아카데미아의 정론으로 만드는 것(이럴 경우 엄청난 호응과 많은 추종자들이 따를 것임에도 불구하고)조차도 거부했다. 거부한 이유 중의 하나는 데리다의 이방인 유령은 추상의 철학 용어와 담론으로 닫힌 철학과의 문을 반복해서 두드리기 위해서다. 종교와 인문학을 구분하지 못하는 자들을 흔들어 깨우기 위해서다.

유령을 '순수 실천 이념을 개방하는 이념'으로 정의하는 서구 학자를 필자는 아직 보지 못했다. 그러나 데리다의 글쓰기 기법을 하잘것없는 것으로 간주, 제외시키는 서구 철학과 교수들은 있다. 르가르Frédéric Regard, 올슨Stein Haugom Olson, 그리고 하버마스가 그 대표적인 예이다. 이유는? 데리다가 가져온 철학의 문학화가 자못 못마땅한 것이다. 늘 철학은 문학의 우위에 있다고 생각했는데(서구인들의 특이한 미망leurre, delusion, 『문학』 63-77), 데리다의 해체적 글쓰기가 서구 전통 철학의 이러한 미망을 광정할 수 있다는 데리다의 주장에 못내 심기가 불편한 것이다. 급기야 이들은 철학의 문학화는 철학에 대해 심오한 문제제기를 할 수 없다고 하며, 데리다의 『그림엽서』, 『글라』, 혹은 『산포』를 하찮은 것으로 간주, 제외시켜야 한다고 주장한다. 데리다의 글쓰기는 철학의 심오한 문제를 건드릴 수 없기 때문이라는 것이다(『문학』 104). 그러나 데리다의 해체적 글쓰기 기법과 전략은 거의 3,000년 동안 번성해 온 서구 전통 철학의 강고한 뿌리를 흔들어 놓지 않았는가? 데리다 해체를 불필요한 것이라고 주장하는 위의 학자들은 역사의 흐름도, 대기의 기운도 어느 쪽으로 향하고 있는지도 모르는 채, 기존 철학 체계와 철학과 안에서만 안돈하고자 하는 텍스트주의자들이 아닌지? 데리다는 포스트모더니즘에 들어와 유행한 유목주의도 제도와 알리바이를 성립시키는 안돈주의라고 날카롭게 비판했다. 그런데 『해체에 반대하며』를 쓴 엘리스는 '데리다가 유명해진 것은 엘리자베스 테일러가 유명해진 것과 동일하다'고 했다. 그저 '이런 교수도 있구나' 하고 지나가자.

한국에서 보이는 데리다에 대한 많은 광고들은 거의 예외 없이 '데리다 사상과 핵심 개념'에 대해 강의한다고 하는데, 데리다는 사상思想은 이미 사상捨象·死傷된 것임을, 그리고 핵심을 니체의 다이너마이트보다 훨씬 치밀하고 전략적인 전대미문의 해체적 글쓰기poematic로 공중 분해했으며, 중심은 환幻임을 증명하기 위해 자신의 글 대부분을 소진시켰다. 그리고 또 어느 광고는 '데리다는 철학보다 문학을 더 중히 여겼다'라고 하는데, 이는 어불성설이다. 어떤 철학, 어떤 문학인가에 대한 각론이 절대적으로 필요하다. 그렇다. 지금 한국 정치, 사회, 그리고 아카데미아에 절실하게 필요한 것은 철저한 각론이다! 악마와 신이 공존하는 곳이 각론의 디테일이기 때문이다.

또 다른 오독은 데리다의 의도를 완전히 거꾸로 뒤집는 것이다. '데리다는 앞으로의 존재론은 유령론이어야 한다고 주장했다'는 것이다. 이는 본말전도다. 서양식으로 표현하면 마차 뒤에 말을 매어 둔 것이다. 데리다는 전통의 기존 존재론이 유령론이라고 말했다. 왜 유령론인가? 서구의 거의 모든 담론이 돌아간다는 전제를 깔고 있다. 기독교는 인간은 낙원에서 떨어졌으나, 죄를 회개하고 시험을 거쳐 다시 낙원으로 돌아간다. 오디세우스는 타향에서 온갖 시련을 겪은 후, 고향으로 돌아간다. 의식은 무의식과 합쳐진다(정반이 합쳐지듯)는 가설이다. 돌아간다는 이 설의 원原구조를 대부분의 서구 인문학과 인본주의가 그대로 따라가기 때문이다. 돌아간다는 목적을 가지고 있으니 '목적론 teleology', 돌아간다고 하니 '회귀설', 그러나 돌아갈 때는 이미 정과 반의 이분법과 차연(폭력, 죽음, 경제성)으로 사상捨象·死傷되어 죽어 돌아가니, 전통적 존재론ontology은 유령론 hantologie이라고 데리다가 말했다. 이름은 각기 다르지만, 모두 이원구조에 터한 것으로 데리다는 유령론을 가장 강력하고 가장 일반적인 경제성의 담론이라 했다. 가장 강력하다는 말은 즉각 죽음으로 이른다는 뜻이고, 가장 일반적이라는 말은 서구 담론 거의 모두가 이원구조에 의지하면서, 원原, 중심, 절대정신으로 돌아간다고 하기 때문에, 가장 흔하다는 뜻이며, 경제성은 차연, 죽음, 폭력의 또 따른 기표다(『입문』 129 주 38). 서구의 존재론을 위시한 거의 모든 담론이 유령론임을 데리다가 지적한 것을 일부 한국 학자들은 거꾸로 이해한 것이다.

그런데 '앞으로 존재론은 유령론이 되어야 한다고 데리다가 주장했다'는 주장은 앞에서 '유령은 순수 실천 이념을 개방하는 이념'으로 정의 내린 주장과 만난다. 이 두 개의 주장은 모두 유령을 고정시키려는 시도에서 비롯된 것이다. 이념과 유령론(학)을 끊임없이 해체해야 한다고 주장하는 것이 데리다 해체다. 지금의 차연, 지금의 유령성에 안주하면, 정의도 개혁도 윤리도 없기 때문이라고 데리다가 힘주어 강조한다.

그다음 오독은 『마르크스의 유령들』을 전적으로 유령소설로 착각하는 것이다(『입문』 282-286). '유령이 기존 체제의 형식을 뚫는다'는 것이다. 물론 데리다가 유령이 무엇을 한다는 표현을 자주 사용한다. 그러나 이것을 곧이곧대로 고딕소설이나 『오페라의 유령』, 혹은 에드거 앨런 포의 소설 『어서 가家의 몰락』에 등장하여 중요한 실제 행위를 하는 유령을 뜻하는 유령이 아니다. 『마르크스의 유령들』은 유령소설이 아니다. 더구나 데리다는 여전히 형식과 내용이라는 이분법을 사용하면서, 형식만을 중시하면서 유령이 형식을 뚫는 일을 『마르크스의 유령들』에서 언급한 적이 없다. 유령이 할 수 있다면, 왜 햄릿 선친 유령이 살아 있는 사람들에게 반복적으로 찾아와 부탁을 했겠는가? 살아 있는 우리는 두 손 가만히 놓고 있고 유령이 살아 있는 사람도 하기 힘든 형식을 뚫는다? 데리다는 차연을 감안한 해체적 글쓰기poematic를 한 것이지, 결코 유령소설을 쓴 것은 아니었다.

마르크스주의자들이 주장하듯, 데리다가 우리에게 그 어떤 가이드라인을 주지 않았다고 불평하는 것은 정확하지 않다. 정의를 위해 '지금'의 '여기'의 제도를 개선하는 데 책임을 다하라. 로고스중심주의가 모든 차별주의(성과 인종), 가장 끔찍한 전쟁(이데올로기와 종교)의 이론적 근거임을 알고 이로부터 벗어날 수 있는 사유를 모색하라. 이를 위해서는 텍스트와 글자를 버리는 것이 아니라, 오히려 철저하게 그리고 꼼꼼하게 읽고, 모순되는 부분, 잘못 읽은 부분, 읽히지 않은 부분까지를 찾아내어야 한다. 3,000년 이상 이원구조에 터한 서구 담론들이 갈라져 있다. 이제는 어떻게 사유해야 할 것인가를 데리다는 질문하고 있다. 이것이야말로 얼마나 구체적이고 어려운 숙제인가? 또한 역사와 전통을 철저하게 지키되, 새롭게 하라는 것이다. 우리말로는 온고지신, 법고창신이다. 이 또한 구체적이고 어려운 숙제가 아니고 무엇인가? 또한 데리다는 '모든 것은 다 해체될 수 있어도 정의는 해체될 수 없다', '해체는 정의다', '차연은 정의'라고 했다. 정의를 위해 싸운다는 것은 또 얼마나 구체적이며 어려운 일인가? 서구인 중, 누가 한국에게 한 일본의 사과는 사과가 아니라고 했나? 아름다운 말과 축복의 말만을 하는 교황도 아니고, 인권 변호사 출신의 오바마도, 세계 평화를 위해 노심초사한다는 유엔도 아니고, 자국의 이익을 위해서라면 무엇이든 한다는 트럼프는 더더욱 아니다. 데리다였다(『입문』 49). 사형폐지를 위한 강연을 위해 중국 정부로부터 들어올 수 있는 압박에도 불구하고 세 번이나 방문했던 사람도 라캉이나 푸코가 아니라, 데리다였다. 정의를 위해 최선을 다하라고 채근하는 데리다 해체를 실천하는 일은 또 얼마나 구체적이고 어려운 숙제인가? 『마르크스의 유령들』은 구체적인 대안 제시 없는 '유사 초월론'도 아니며, 유령은 '순수 실천 이념을 개방하는 이념'도 아니다.

끝내며
우리의 '지금'과 '여기'

　서구에서 이원구조는 뒤에 숨은 채, 소리 없이 서구와 세계를 간헐적으로 혹은 주기적으로 전쟁과 폭력이라는 재앙으로 밀어 넣었다. 한국에서 이원구조가 야기하는 재앙은 서양의 양상과는 사뭇 다르다. 이원구조에 터한 서구의 관념론과 종교는 상업주의와 과학의 발달, 산업혁명, 그리고 이에 따른 경험주의, 공리주의, 실용주의, 그리고 자본주의의 번성으로 인해 적절하게 통제되어, 평소에는 거의 그 힘을 발휘하지 못한다. 그러나 한국의 사정은 전혀 통제되지 않았다는 데 문제의 심각성이 노정된다. 기나긴 세월 동안 중국에게 겁박당하며, 수없이 많은 물자를 뺏겼고, 그다음

일본의 식민통치로 인해 모든 우리의 물질적 자원의 씨가 말라 버렸다. 중국에게 바친 조공과 공물이 얼마며, 태평양 전쟁 때 일본은 우리의 놋그릇은 물론 숟가락 젓가락까지 다 공출해 갔다. 그 후 6·25. 모든 것이 재로 변해 버린 곳이 한반도. 친일파를 제외한 나머지 대부분의 한국인들은 너무나 오랫동안 적빈의 생활을 살아오면서, 물질을 즐기고 향유할 기회를 단 한 번도 가져 본 적이 없었다. 여기에다 흰 종이 위 검은 글자만을 쓰고 해독하는 것만을 평가했던 조선 과거제도를 이어받은 수능 역시 하얀 시험지 위 오(사)지선다형 문제에서 획득하는 점수만이 한국인들의 뇌리를 70년 동안 옥죄고 있어, 물질에 대한 애정과 경외, 그리고 물질의 감각을 즐기고, 이를 효율적으로 사용하는 방법조차 완전히 망각해 버린 것 같다.

이제 극빈에서 벗어나자, 물질낭비와 물질학대가 태산을 이룬다. 한국의 푸짐한 음식문화로 인해 1년에 버려지는 음식물을 돈으로 환산하면 22조 원. 영어교육을 위해 쓰는 비용도 20조 원. 실용영어를 구사하기 위해서는, 중학교에 들어와서 배워도 충분하다. 영어가 개인의 성공 및 행복과 직결되지도 않으며, 선진국으로 가는 첩경도 아니다. 문제는 한국에서 가르치는 영어는 시험만을 위한 영어이기 때문에 너무 어렵고, 너무 재미가 없다. 또한 영어를 배우고자 영문과나 영어과에 들어가면, 4년 동안 추상적 이론들을 한국어로 배우느라, 한국어 연습만 4년 하다가 졸업한다.

사교육비 역시 20조 원. 사교육은 어린 학생들의 동기유발, 창의력, 그리고 스스로 문제 해결 능력과 자신감을 일찌감치 마모·마비시킨다. 가장 큰 낭비다. 과외공부는 건강을 위해 적절한 식사와 운동 대신 약에 의지하는 것에 비유할 수 있다. 모든 게임은 초전보다는 후반전이 훨씬 중요하다. 주머니 안에 있는 바늘은 드러나게 마련이다. 너무 조급해하지 않는 것이 현명하다. 중학교까지는 모든 과목을 골고루 공부하면서 자신이 잘하고 좋아하는 과목이 무엇인가를 탐색하는 시기여야 한다. 자신이 정말 좋아하고 잘하는 것을 찾아내는 일이 열 과목이 훨씬 넘는 과목 모두 합한 평균점수로 1등을 하는 것보다 바람직하다.

낭비는 끝이 없다. 사이비 종교 단체나 부패한 권력자들과 그 자손들이 해외로 빼돌린 가공할 만한 천문학적인 국부유출. 우리나라 관광객들이 해외에서 쓰는 돈은 이미 외국인들을 놀라게 한 지 오래. 아파트 입주 때 버려지는 산더미 같은 멀쩡한 물건들. 아파트 입주 시, 내부 인테리어 다 뜯어내고 더 고급으로 다시 치장하는 것이 상식이 된 나라. 유럽 사람들이나 일본인들의 승용차보다 한국인들의 승용차가 훨씬 크고, 그들은 10년 타지만 우리는 5년 탄다. 대학생들이 그토록 열망하는 반값 등록금을 위해서는 6조 원이 필요하다. 등록금뿐이겠는가? 낭비를 꾸준히 그리고 철저하게 막으면, 통일자금도 마련할 수 있다. 물질낭비와 물질학대에는 무서운 대가를 지불해야 한다. 물질 역시 생명이기 때문이다:

진화의 최초를 염두에 두고 본다면 생물과 무생물은 서로 점이적漸移的 관계에 있으며, 넓은 시야에서 본다면, 물질도 모두 산 물질이다. 생명의 숨이 모든 원자와 소립자들 속에 내재해 있다. 물질 속에 이미 생명의 소질이 있어서 적절한 조건과 충분한 시간만 주어지면 복잡한 결합을 해 가는 과정에서 생명현상이 일어난다. 물질 속에 이미 생명과 정신의 소질이 들어 있으므로, 물질과 정신은 하나이며 물질과 정신이 서로 교환관계에 있다고 할 수 있다. 생물 무생물 할 것 없이 모두가 다 중생이다. (장기홍 90)

물질낭비와 물질학대의 혹독한 대가는 정신을 잃어버리는 것이다. 한반도에 온통 벚꽃(사쿠라さくら)을 심어 놓고는, '무궁화 삼천리 화려강산'이라고 애국가를 수도 없이 열창하면서 우리는 끊임없이 거짓말을 하고 있다. 일본이 벚꽃 축제를 하는 시기에 남한도 온통 벚꽃 축제로 들떠, 내선 일체를 정신없이 한다. 우리가 무섭게 물질낭비를 해서 정신을 잃어버린 것인지, 정신을 잃어버렸기 때문에 태산 같은 물질낭비를 하는지, 알 수 없다. 닭이 먼저냐 계란이 먼저냐와 같은 질문이다. 가뭄에 콩 나듯 어쩌다 눈에 보이는 무궁화는 이상하게도, 아니, 기괴하게도, 학교 철조망에 딱 붙어 있고, 그것도 꽃이 필 때면 낮은 철조망 높이에 맞추어 싹싹 잘라 버린다. 부산 어느 전철역을 나오면 가로수로 거대한 아름드리 무궁화나무가 세 그루 있었다. 그 무더운 여름, 청초하기 짝이 없는 연분홍 보라색 꽃잎과 붉디

붉은 속을 보이는 꽃들이 끊임없이 피었고, 그 전철역을 나와, 필자는 잠시 발을 멈추고 그 꽃들을 바라보며 즐거워했다. 그런데 어느 날 20년은 족히 넘었을 무궁화나무 세 그루가 다 잘려 나갔다. 부산 해운대 달맞이 고개는 봄이 오면 무궁화는 단 한그루도 보이지 않고, 벚꽃이 하늘을 덮는다. 사쿠라가 원래는 제주도 왕벚꽃이 일본으로 건너가 변종된 우리 꽃이기 때문에 아무런 문제가 없다는 이론을 펴는 사람이 있다. 이는 정신이 빠진 논리다.

우리가 물질낭비를 철저하게 차단하면 정신은 분명히 돌아올 것이다. 그러면 그때, 우리는 비로소 무궁화를 심을 것이다. 백단심계로 한 빛, 파랑새, 홍단심계로 자선, 산처녀, 배달계로 향단, 옥토끼, 눈보라, 아사달계로 배달, 아사달, 평화, 외국종으로 후지무스메 등 약 200가지가 넘는 무궁화를 심어 놓은 공원을 우리나라 여기저기 만들고, 각 공원 중심에는 씨름과 유도도 할 수 있는 거대한 모래판도 있고, 가까이에는 거북선과 이순신 장군, 그리고 그를 도왔던 부하 장수들의 동상들까지 있을 것이다. 또 다른 무궁화 공원에는, 세종대왕과 그를 도왔던 집현전 학자들의 동상들이, 또 다른 무궁화 공원에는 왜장을 안고 바다에 빠지려는 논개의 동상이, 그리고 또 다른 무궁화 공원에는 나무꾼과 선녀의 에로틱한 장면이, 또 다른 무궁화 공원에는 달밤에 우애 좋은 두 형제가 서로를 염려하여 볏단을 나르다가 도중에서 만났다는, 우리의 역사와 이야기를 동상으로 세울 것이다. 거무스름한 색을 하고 홀로 아래를 내려다보는 우울하고 음침해 보이는 동상이 아니라, 햇살에 반짝반짝 빛나는 은빛이나 금빛으로 도금한, 위를 향해 쳐다보거나 힘있게 투쟁하는 극적인 표정을 하고 있는 동상을 세울 것이다('그대, 아직도 꿈꾸고 있나?' '꿈 vs 현실이라는 이분법은 존재하지 않는다는 사실을 우리는 앞에서 읽지 않았던가?'). 물질낭비를 철저하게 막고 정신을 되찾아와, 우리의 역사와 우리 것을 멋지게 형상화할 때, 운명의 여신은 우리에게 미소 지을 것이다.

우리 것과 미소? 송창식은 한복을 입고 늘 미소 짓고 무대에 오른다. 「담배 가게 아가씨」는 창과 대중가요를 합쳐 대성공을 이루어 낸, 희귀한 역작이다. 「가나다라마바사」는 재일 교포 2세들에게 한글을 가르치기 위한 것이었다. 「창밖에는 비 오고요」의 마지막 소절에서 그의 소리는 당

긴 궁(弓)처럼 둥글게 휘며 내려간다. 이것도 매우 어려운 기교다. 이것에 더해 그는 세 가지 다른 음색을 연속적으로 만들어 낸다. 노래연습을 혹독하게 한 결과다. 자신의 직분에 그만큼 철저했다는 증거다. 송창식이 애잔하며 청아한 소리를 내다가도, 순식간에 바위라도 깰 것 같은 소리를 낼 수 있는 것은 그가 창을 알고 창을 했기 때문이다. 그는 많은 인기를 누렸음에도 검소하다. 군사정권 시절 심한 고초를 치렀음에도 애국심을 지니고 있으니, 진정 국민가수다. 우리들이 송창식처럼 검소하며 자신의 직분에 초지일관하고 우리 전통에 대한 실천적 애정을 가지면, 우리는 떳떳하고 고유한 색을 지닌 존경받는 세계인이 되어 내일 통일한다.

데리다는 과거를 기억하고 미래를 보는 사람들에게는 유령이 보인다(174/107)고 했다. 그렇다면, 마루타, 윤동주, 안중근, 유관순, 그리고 사재를 다 팔아 중국 등지에서 독립운동을 하다가 굶어 죽고 고문당하다 죽고 얼어 죽은 수많은 독립투사들, 위안부들, 강제로 끌려간 수도 없이 많은 노동자들과 도공들, 군사분계선에서 지뢰가 터져 파란 가을 하늘 아래에서 다리가 잘려 나간 20세 한국 젊은이들, 턱없이 부족한 장비로 중국 불법어선과 맞서다가 바다에서 죽어 간 해경들, 구천을 떠도는 유령들은 어떤 모습으로 지금 우리를 보고 있을까? 미친 채 웃고 있거나, 발목에 쇠고랑을 찬 채 굶주림에 떨고 있거나, 러시아 벌판에서 묻히지 못한 채 얼어 죽어 빳빳한 유령들, 실험 대상으로 장기 일부가 빠진 채 시퍼렇게 독살된 마루타 유령도 있을 것이다.

사드 때문에 중국이 한국에게 경제 보복을 하자 한국인들이 일본으로 대거 관광을 갔다. 무슨 논리이고 무슨 계산법인가? 그런데 중국 대신 일본을 선택한 지 두 달도 채 되지 않아, 긴 추석 연휴에 한국인들은 다시 중국으로 예전처럼 대거 관광을 갔다. 이것이 바로 일본이 독도는 일본 땅이라 주장하고, 시진핑은 트럼프에게 한국은 원래 중국의 일부였다고 주장하는 이유다. 그리고 시진핑이 방중한 우리 대통령은 만나 주지도 않고, 방중한 김정은에게는 푸짐하게 한 상 차려 놓고는 '너'라고 부르는 이유다.

우리가 왜 이렇게 되었나? 한국 지배층 때문이다. 외세를 빌려 통일을 했고, 정권을 잡는 동안, 고구려 땅과 대마도,

그리고 오키나와를 잃어버렸고, 또 누군가는 누구에게 백두산 저쪽마저도 상납하지 않았던가. 일본 고위층과 장성들은 태평양 전쟁 때 자신들의 아들을 돌아올 수 없는 비행기에 태워 보냈고, 한국 고위층과 지식층은 나라를 배각背却했고, 지금도 적지 않은 고위층 아들들은 무슨 병 때문인지 군대에 못(안) 간다. IMF 때 서민들은 아기 돌반지까지 헌납했다. 서민들이 티스푼으로 벌어들인 외화와 재정을 지배층은 비행기에 실어 외국으로 수송하고 있다. 이런 지도층 때문에 서민들이 아무리 희생해도 외국과의 싸움에서 이겨 본 적이 없다. 이 패배의식이, 이 피해의식이, 이 한이, 이 화병이 한국인들의 마음속 깊이 바닷속 거대한 바위처럼 걸림돌로 박혀 있다. 이것이 우리의 국민성에 모래알과 냄비의 특성을 지니게 했고, 쏠림 현상으로, 싹쓸이 현상으로, 극한적 싸움으로 노현되는 것이다. 또한 이것이 중국과 일본 사이를 부유浮游하는 부유富有한 한국판 부르주아 유령 관광객들을 생성하게 하는 것이다.

한국 지배층의 또 다른 축인 대학은 어떤가? 한국 대학은 중세 교회처럼 초월적 권위와 이권을 소유하고 있지만, 개입해서 견제할 사람과 기관이 없다. 또한 한 학기에 여덟 과목 내지 열 과목을 이수해야 하는 대학 강의실에는 질문이 존재할 수 없고, 체계와 깊이 있는 수업은 존속될 수 없다. 과목 수가 줄면 교수 수도, 엄청난 국고낭비도 줄일 수 있다. 가장 합리적인 개혁이 가장 먼저 진행되어야 할 곳이 대학이지만, 현실은 정반대다.

왜 이렇게 되었나? 우리를 수천 년 지배해 온 관념론 때문이다. 이 관념론이라는 유령이 군림하는 제국은 하얀 종이의 객관식 시험지다. 이 유령이 엄청난 자손을 번창시키며 그 뿌리를 깊게 내렸고 막강한 힘을 발휘하고 있다. 탁상공론, 명분주의, 복지부동, 편의주의, 눈물주의, 감정주의, 지역주의, 이념주의, 사대주의, 그리고 진보 vs 보수의 대결이 그것이다. 우리가 약해질수록 유령들의 세력은 무섭게 팽창한다. 이 결과, 우리는 우아하고 착하게 국력을 잃는다. 하얀 종이 위 해외 수출액의 수치만 보고 있는 동안, 제주도 땅의 39%는 중국인의 소유가 되었고, 수도권은 시간문제다. 서류상 수출총액은 세계 7위까지 되었지만, OECD 국가들과 비교하면, 국가부패지수, 가계부채, 청년 실업률, 자살률은 가장 높고, 출산율, 내수, 국민행복지수는 가장 낮다. 해외자원투자는 실패 그 자체고, 주요 국내 기업체는 외국기업체에게 팔리고, 한국 기업체마저 공장을 해외에 짓는다. '창조' 경제와 '혁신' 경제가 쌍둥이 유령이 되지 않으려면 '여기' 그리고 '지금'의 현장에 밀착한 디테일과의 전쟁을 해야 한다.

당연한 결과지만, 관념론·유령론이 지배하는 대한민국은 종교천국이다. 세금을 50년 동안 내지 않는 종교 단체가 부지기수인가 하면, 군대 의무도 기피하는 초법적 지위를 과시하는 종교도 있다. 분단된 남한은 그들이 실체라고 믿고 있는, 국토방위도 세금도 필요 없는 천국이 아니다. 종교대국이지만, 해외로 입양되는 아동의 수는 세계 최빈국가의 수와 같다. 출생률을 높이기 위해 엄청난 세금이 낭비되고 있지만, 목소리도 투표권도 없는 입양아들은 국민으로 간주되지 않는다.

그러나 절망하기에는 아직 너무 이르다: '텅 빈 죽음의 눈에서도 생명이 움직이고 있는 것을 나는 몰래 보고 있다'(셰익스피어 『리처드 2세』 II ii 269-271). 불의와 부패, 그리고 부조리로 가득 찬 현 상태를 바꾸기 위해 전략을 세우고 투쟁하는 것이 인간에게 지워진 운명임을 데리다는 강조했다(이 책 173). 그늘과 상처도 있지만, 현대, 삼성, LG는 세계적 기업이 되었다. 50년 전에는 꿈도 꾸지 못했던 기적이다. 국가가 반으로 잘린 상태에서 이룬 것이니 더욱 경이롭다. 국가를 배신한 사람들도 많이 있지만, 죽음을 불사한 투쟁을 했던 사람들도 많았음을 기억하며, 시간과 비용이 전혀 들지 않지만 나라를 강국으로 만드는 행동을 실천해야 한다. 자본제하에서는 우리 손 안의 작은 돈이 총알이나 촛불보다 훨씬 더 막강하다. 총알이나 촛불이 발생시킬 수 있는 위험도 비용도 일절 없다. 박봉에 시달리는 경찰을 동원할 필요도 없다. 함께 일제히 불매하면 3개월 만에 오만한 외국기업의 상품과 우리의 국부를 끊임없이 몰래 빼 가는 국적 불명의 유통업체는 철수한다. 한반도기를 사용하지 못하도록 방해하는 나라에 관광 가지 않는 것, 이것이 가장 단위가 큰 불매다. 시대착오적이리만큼 급진적 행동과 저항 없이는 과거를 되풀이하는 미래만 올 뿐, 미래로부터 오는 정의의 도래는 불가능하다는 것이 데리다 해체의 요지다. 불매는 끝까지 해야 한다. 도중하차하면, '사자의 탈을 쓴 나귀들의 반란'(니체)으로 간주되어, 오히려 조롱과 무시의 대상이 된다. 위고와 마르크스, 그리고 데리다가 투시하고 극화했듯이 산 자와 죽은 자는 함께 역사 속에서 살아가고 있다(이 책 107-112). 그토록 처참하게 죽어 간 수많은 망자들의 한을 풀지 않고서, 살아 있는 우리와 자손들이 잘되기를 바랄 수 있는가. 이것은 데리다가 말하는 정의의 알속인 동시에 우리의 토속 신앙 아닌가.

무엇이 두려운가? 중국이 제일 두려워하는 소수민족은 조선족이다. 한국인, 중국인, 일본인 중에서 한국인이 가장 머리가 우수하다는 것은 서구인들 사이에서는 공공연한 비밀이다. 낭비를 철저하게 막으면, 정신은 돌아오고, 상황은 정말 거짓말처럼 달라진다. 이렇게 될 때, 어린아이들이 밤늦게까지 시멘트 건물 안, 형광등 아래 파리하고 창백한 얼굴을 한 채, 몸조차 마음대로 움직일 수 없는 의자에 장시간 앉아, 조기 유령화를 위한 주입식 교육을 받을 필요가 없어진다.

약소국가 국민들은 이래저래 숙제가 많은 법이다. (김경일 253)

조기 유령화를 위해 조기 영어교육이다 무슨 교육이다 하며 승합차나 자가용에 태워 이 학원에서 저 학원으로 밤 늦게까지 함께 순례하는 것을 아동학대라고 간주하는 사람들도 있다는 사실도 참고하자. 자연이 부여한 고유한 재능과 풍부한 인성을 일찌감치 원천적으로 마모·마비시키기 위해 나라의 근간을 흔드는 사교육비를 낭비하는 이처럼 끔찍한 이중적 낭비가 또 있을까?

개인의 값은 국가의 값에 의해 결정된다. 그 반대는 절대 불가능하다. 특목고니 과학고니 했지만, 노벨 과학상을 수상한 사람이 아직 없다. 강국이 되면 자연스럽게 나오게 된다. 각자도생. 만고의 법칙이다. 그러나 나라가 약해지면, 각자도생도 지극히 어려워지고, 국가가 망하면, 국민은 상가지구로 전락한다. 필설로는 형언할 수 없는, 세계사에서 가장 참혹한 디아스포라를 당한 사람들이 1937년 17만 명의 고려인들이었다. 애국심이란 결코 고아한 감정이나 의욕이 아니다. 총성 없는 전쟁을 치러야 하는 자본제 국제경

쟁에서 내가 살아남기 위한 것이다. 그래서 희생된 수많은 사람들을 간간이 기억하면서, 비용과 시간이 전혀 들지 않지만, 강국으로 만들 수 있는 실천 한두 가지를 해야 한다고 나이가 많이 든 필자가 이렇게 간하는데도, 과외공부를 너무 많이 한 탓에, 가슴이 전혀 동하지 않는, '하나만 알고 둘은 모르는' 대학생 독자(유령)가 저기 있다. '너! 위선적 독자! 나와 닮은 너. 나의 형제[적]'(T. S. 엘리엇 『황무지』 I).

데리다 연보

1930년 7월 15일   프랑스 식민지 알제리 근처 엘 비아르에서 아버지
에메 데리다, 어머니 조르제트 사파르 사이에서 태어남. 원래
이름은 자키Jackie. 그러나 자신의 글을 발표하기 시작할 때쯤
자크Jacques로 바꿈.

1935-1941년   알제리 엘 비아르에서 유치원과 초등학교를 다님. 얼굴
이 검어서 '검둥이'라는 별명 얻음.

1942년 10월   개학 날 학교에서 쫓겨남. 알제리의 공공기관에서 시행
된 유태인 배척 정책 때문. 이에 대한 기억이 『그림엽서』에
기록되어 있음.

1943-1947년   벤 아크눈 리세에 6학년으로 재입학. 그러나 1943년
10월까지 기다려야 했기 때문에 1943년 봄, 공직에서 쫓겨난
유대인들이 만든 학교, 에밀-모파 리세에 등록. 그러나 데리
다는 거의 일 년간 학교에 가지 않음. 벤 아크눈 리세로 재입
학. 이때 데리다는 카뮈가 한때 그랬던 것처럼 직업 축구선수
를 꿈꾸며 밤늦게까지 친구들과 축구에 몰두. 이 시기를 '부
랑아' 시기였다고 회상. 이때 루시엔느와 첫사랑에 빠지기도

하고, 알제리에서 상영되는 영화는 빼놓지 않고 관람. 영화는 그 당시 여행을 대신해 준 분출구였고, 얼마 되지 않는 용돈을 책을 사는 데 모두 사용했기 때문에, 책을 주물처럼 숭상했다고 회상. 니체, 루소 등에 심취했고, 앙드레 지드의 『부도덕자』와 『좁은 문』 등을 탐독하고 지드는 작가가 아니라, 도덕가라고 평함. 그 당시 알제리를 방문하곤 했던 지드를 가끔씩 볼 수 있었음. 이 당시 시 습작을 했고, 기고도 했으나, 훗날 부끄러운 시라고 자평.

1947년 6월 바칼로레아 시험에 낙방. 현 제도와 현실에 더욱 적응이 어려워지면서 칩거. 잇따른 불면증 치료를 위해 수면제 과다 복용. 낙방한 자신에 대해 매우 화가 난 데리다를 그의 형 르네는 갑자기 사람이 바뀌었다고 회상. 아침 일찍 일어나 시험 준비를 했고, 벤 아크눈 리세를 떠나 알제리 중심에 있는 에밀-펠릭스-고티 리세로 옮김.

1949-1951년 프랑스 마르세유로 감. 루이 르 그랑의 고등사범학교 준비반에 있었음. 기숙사에 머뭄. 그러나 데리다가 알제리에서 상상했던 것과는 반대로 마르세유는 매우 음산한 곳으로 기억됨. 신경쇠약과 불면증으로 고통, 수면제로 의사가 준 암페타민 때문에 시험 도중 손이 마구 떨리는 증상 때문에 시험 포기. 필기시험에는 합격했으나, 구두시험은 시도조차 못함.

1952년 고등사범학교에 입학. 학교 친구 미셸 오쿠튀리에의 집에 갔다가 프라하에서 성장했고, 러시아어를 전공하는 아름다운 체코인 마르그리트 오쿠튀리에와 만남. 처음에는 두 사람 모두 서로에게 별 관심 없는 체했음. 이미 마르그리트는 다른 남성과 약혼한 상태. 데리다가 얼마 후, 두 남자 중 선택하라고 하자, 마르그리트는 즉각 데리다를 선택. 마르그리트는 이미 데리다가 큰 학자가 될 것이라는 것은 직감적으로 알았다고 회고. 이 당시 데리다는 온건 좌파에 가담하고 있었음.

1956년   교수시험 합격. 고등사범학교의 교환 연구원 자격으로 데리다는 리베르테(자유)호를 타고 마르그리트와 미국 하버드 대학에 감. 데리다는 후설에 관한 연구와 함께, 조이스의 『율리시스』와 『피네간의 경야』를 평생 읽어야 할 책으로 간주. 하버드 대학 도서실의 풍성한 조이스 자료 탐독. 데리다는 기숙사에, 마르그리트는 M.I.T. 교수 세 자녀의 프랑스어 가정교사로 기숙. 두 사람의 결혼에 대한 두 집안의 반대와 전통적 결혼식에 대한 혐오감 때문에, 두 사람은 미국을 떠나기 직전 6월 9일, 보스턴에서 친구인 마르고 단 한 사람만을 하객이자 증인으로 세우고 결혼. 이들 사이에 1963년 10월 4일 태어난 피에르와 1967년 9월 4일 태어난 장, 두 아들이 있음.

1957-1959년   알제리 독립전쟁 발발. 데리다 아버지 에메의 노력으로 일선이 아니라, 알제리 근방 콜레아 교관부서에서 평복을 입은 이등병으로 2년 넘게 젊은 알제리인들과 프랑스인들에게 프랑스어와 영어를 가르침. 알제리에 대한 프랑스 식민지 정책을 맹렬하게 비난.

1959-1960년 프랑스로 복귀. 프라하에 있는 마르그리트의 집으로 최
　　　　　　초로 여행.『후설에 관한 '기하학 기원'에 대한 서설』로 장 카
　　　　　　비이에상 수상. 고등사범학교 준비반에서 강의 시작. 하이데
　　　　　　거, 후설에 더욱 매진. 푸코 강의를 잠시 들음.

1960-1964년 소르본 대학에서 일반논리철학을 강의한 바슐라르, 캉
　　　　　　킬렘, 리쾨르, 그리고 왈의 조교가 됨. 가족 모두 니스에 정
　　　　　　착.『크리티크』지誌와『텔켈』지에 최초로 글을 발표. 그러나
　　　　　　회원들과의 우정은 오래가지 않았고, 데리다는 이 그룹에서
　　　　　　탈퇴, 거리를 둠. 그러나 솔레르와의 우정은 1972년까지 계속
　　　　　　됨. 데리다는 항상 기존의 문예지와 관계를 갖지만, 이내 거
　　　　　　리를 둠. 이는 데리다가 기존의 텍스트를 꼼꼼하게 읽고 관계
　　　　　　를 갖지만, 거리를 두고 해체하는 방식과 유사.

1962년 『후설의 기하학 기원에 대한 서설』 출판.

1966년 르네 지라르의 초청으로 존스 홉킨스 대학에서 유럽의 구조
　　　　　주의를 미국에 소개하기 위해 열린 학술대회에 라캉, 롤랑 바
　　　　　르트, 이폴리트 등과 함께 참가.『글쓰기와 차이』 10장에 수
　　　　　록된「인문학 담론 속의 구조, 기호 그리고 유희」를 발표함으
　　　　　로써 데리다는 국제적 학자로 급부상. 수없이 많은 강연과 강
　　　　　의를 유럽 대학과 미국 대학에서 하게 됨. 이렇듯 세계 유명
　　　　　대학은 데리다에게 열렬한 반응을 보였으나, 프랑스 학계는
　　　　　냉담. 1980년 폴 리쾨르가 사임한 교수자리를 얻으려 했으나,
　　　　　교수들의 반대로 실패. 데리다에 대한 연구 또한 프랑스가 아

니라 지금까지도 영국과 미국 문학전공 교수들에 의해 활발하게 지속됨.

1967년 『크리티크』지의 편집위원이 되지만, 1973년 몰래 그만두고, 대신 후원자로 남음. 예일, 코넬, 스탠퍼드, 뉴욕 및 세계 각처 유명 대학에서 강의와 연설, 그리고 세미나를 약 100여 차례 함. 『그라마톨로지에 관하여』, 『글쓰기와 차이』, 『목소리와 현상학』 동시 출간. 데리다의 '해체적 전회'에 따른 유럽과 미국 학계의 지각 변동. 『그라마톨로지에 관하여』 영문판은 50만 부 팔림. 드 만과의 우정은 특별했음. 드 만과 대화하고 강의했던 예일 대학을 낙원에, 파리를 실낙원에 비유.

1968년 파리 근교 오랑주에 있는 주택 매입. 타계할 때까지 살았음.

1972년 세리지-라-살에서 개최된 니체 학술대회에 참석. 『산포』, 『철학의 여백들』, 『입장들』 동시 출간.

1974년 철학교육연구회GREPH 결성. 코프만, 낭시, 라쿠라바르트와 함께 기존의 철학교육에 대한 실제적 혁신 모색. 연구회 중추회원이었던 실비안느 아가신스키와의 혼외관계 시작.

1975년 예일 대학 방문교수가 됨. 이탈리아 전위 화가 발레리노 아다미와 데리다 가족이 아다미의 고풍스러운 궁전 같은 집에서 한 달간 머물면서 오전에는 『글라』 이후의 습작들』이라는 제목의 계열성 그림 약 500점을 합작. 오후에는 타블로 비방을 가족들 모두가 하면서 휴식.

1978년 『에페롱: 니체의 문체』 및 『그림 속 진리』(아다미와 합작한 계열성 그림 중 다수가 이 책에 실림) 출간.

1980년 소르본 대학에서 국가박사학위 취득. 데리다 나이 50세. 『그
림엽서』 출간.

1981년 체코 지식인들을 돕기 위해 안위스협회를 만들고, 부의장이
됨. 프라하로 가서 지하 세미나를 서너 차례 고무하다가 '마
약 소지 위반'이라는 거짓 혐의로 유치장에 구속됨. 프랑수아
미테랑 대통령과 프랑스 정부의 적극적인 중재로 풀려남.

1982년 켄 맥밀란 감독의 『유령의 춤』에서 파스칼 오지에와 출연. 일
본, 멕시코, 모로코로 여행. 『타자의 귀』 출간.

1983년 국제철학학교 창설. '반反아파르트헤이트'전展 구성 및 참여.
'반 아파르트헤이트 문화기금' 창설. '넬슨 만델라를 위한 작
가 협의회' 구성. 고등사회과학연구원 교수로 취임. 폴 드 만
별세. 미국 레이건 정부의 핵 정책에 대한 비판 『최근 철학에
적용된 게시론적 톤』 출간.

1984년 두 번째 일본 여행. 프랑크푸르트에서 열린 하버마스 세미나
와 조이스학회에서 강연. 실비안느 아가신스키와의 혼외정
사로 6월 18일 아들 다니엘 출생. 이름은 데리다가 선택. 이
정사는 『그림엽서』에서 길게 고백. 실비안느는 『즐거운 앎』
에서 여성이 남자를 취하는 유일한 목적은 아이를 갖기 위한
것이라고 니체가 말한 것이 사실임을 증명한 케이스. 그녀는
시몬 보부아르의 여성주의에 반대한다고 했음. 여성에게 가
장 중요한 것은 아기라고 생각하기 때문. 데리다와 결혼할 수

없음에도 아기를 낳음. 그녀의 나이 37세. 4년 후 정치인 리
오넬 조스팽과 결혼. 데리다 스스로 자신을 '끔찍한 지중해
마초'라고 식수에게 고백.

1985년 미국 저널에는 '해체 마피아단', '거꾸로 돌려진 단어', '문학
파괴', '인문학의 위기'라는 예일 대학 보수파 교수들의 문구
가 저널에 빈번히 등장. 조너선 컬러의 『미국에서의 해체』에
데리다는 동의할 수 없었음. 머리 크리거가 캘리포니아 주립
대학(어바인 캠퍼스)으로 옮길 것을 밀러가 제안했다는 사실을
데리다에게 말하자, 즉시 '너가 그리로 가면, 나도 가겠다. 나
의 배터리를 다시 채우겠다'라고 응답. 이를 밀러는 미국 서
부도 해체로 정복하겠다는 강한 의지 표명으로 해석. 타계 직
전까지 방문교수로 재직. 데리다와 밀러의 우정은 데리다가
타계 직전까지 전화로 계속됨. 데리다는 자신을 따르는 많은
프랑스 지식인들, 코프만, 낭시, 라쿠라바르트 등에게 프랑스
보다는 개방적인 미국 서부로 진출할 것을 권유. 이들을 위해
열정적이고 길고도 긴 추천서를 많이 써 줌.

1986년 스위스 건축가 버나드 추미가 미국인 건축가 피터 아이젠만
과 20세기를 상징하는 거대 공원을 만드는 빌레트 공원 프로
젝트를 제의했을 때, 『포스트모던 상황』의 저자 프랑수아 리
오타르는 거부했지만, 데리다는 열정적으로 화답. 버나드는
'데리다는 너무나 관대했고, 아무리 바빠도 항상 시간을 내
주었다'고 회상. 그러나 '러시아 아방가르드와 프랑스 철학의

합작인 해체적 건축은 괴물학'이라고 장 루이 코헨은 혹평.

1987년   비디오 아티스트 게리 힐의 작품 『교란』에 출현. 『재』, 『하이데거의 정신과 질문에 관하여』, 『타자의 고안: 사이케』, 『율리시스 그라마폰: 조이스를 위한 두 개의 말』 출간. 12월 1일 「예일 대학 학자의 논문이 친나치 글에 발견되다」라는 기사가 『뉴욕 타임스』에 실림. 드 만을 뜻함. 드 만과 각별한 관계를 가졌던 데리다에게 화살이 됨. 화행이론가 존 설과의 논쟁인 『합자주식회사, a b c …』 출간. 이후 존 설은 더 이상 학술 논문을 쓰지 않음. 대신 미국 대학 개혁을 위해 동분서주.

1988년   세 번째 예루살렘 여행. 팔레스타인 지식인들과 만남. 『추억들: 폴 드 만을 위하여』 출간. 이 책에서 데리다는 나치하의 젊었던 드 만의 정치적, 경제적 상황을 설명하고 옹호.

1989년   뉴욕 대학에서 강의. 카르도주 법률학교가 주최한 「해체와 재판의 가능성」에 대한 개막 연설. 이 회의는 미국에서 철학 또는 법 이론 분야에서 '해체적' 탐구의 급속한 발전에 중요한 사건이 됨.

1990년   소련 과학아카데미와 모스크바 대학에서 세미나 개최. 캘리포니아 주립대학(LA)에서 주최한 회의, 「최종의 결정, 그리고 재현의 경제」에서 개막 연설. 1981년 투옥된 이후 처음으로 프라하 여행. 루브르 미술관의 대상 전시회 구성. 『장님들의 기억: 다른 자화상과 다른 파괴들』, 『철학의 권리: 누가 철학을 두려워하랴?』, 『후설 철학에 있어 생성의 문제』 출간.

1991년 『오늘의 유럽에 대한 다른 명상들』 그리고 G. 베닝턴과 공저한 『할례고백』 출간.

1992년 5월 16일 보수파 교수들의 집요한 방해에도 불구하고 영국 케임브리지 대학으로부터 명예박사학위 받음. 다년간에 걸친 인터뷰를 모은 『포앵: 1974-1994』 출간.

1993년 데리다의 목소리로 녹음한 『할례고백』의 오디오 DVD 출시. 『코라』, 『열정들』, 『마르크스의 유령들』 출간.

1994년 『법 근거의 미스터리』, 『우정의 정치성』 출간.

1995년 『모스크바 왕복』, 『보관소의 열병』, 『정신분석학의 저항』 출간. 만델라가 18년 동안 갇혀 있었던 남아프리카 로벤섬Robben Island 감옥 방문.

1997년 『레비나스에게 영원한 작별을』, 『세계주의와 용서』, 『세계주의 관점에서 대학의 권리』 출간.

1999년 사파 파티가 감독한 데리다의 다큐 필름 『다른 곳에서, 데리다』 출시. 『죽음이라는 선물』 출간. '차연'이 『프티 로베르 사전』에 등록. 데리다 어머니가 데리다에게 '너가 정말 차이를 차연으로 썼고, 차연이 사전에 들어갔단 말이냐?'라고 데리다에게 물었을 때, 수줍은 미소를 짓고, 아주 작은 소리로 '네'라고 답함. 롤랑 바르트는 1972년 데리다의 글을 두고 '폭력적이면서도 시적'이라고 한 적이 있음. 폭력적이란 말을 다시 풀어 쓰면, 힘 있고, 열정적이라는 말. '차연' 외에도 데리다의 신조어는 무수함. 예를 들면, 예정된 운명이 없는 것destination, 원-글쓰기arche-écriture, 반복되고 예측할 수 있는 미래가 아니라, 전혀 예기치 못한 것의 발생을 뜻하는 도래arrivance, 배회destirance, 구조나 어휘 안으로 들어가지 않고 남는 것 errance, 유령학hantologie, 구조를 문책하는 구조stricture 등. 찰스 레몬드는 『데리다의 어휘』 집필.

2001년   『정신분석학의 '정신'의 정체』 출간. 9월 4일, 중국 베이징 대학 학생들의 사형에 대한 강연을 해 달라는 요청에 정부와 직접적 마찰을 피하기 위해 「용서, 용서할 수 없는 것과 취소할 수 없는 것」으로 바꾸었지만, 강연 내내 사형에 대해 언급. 이어 난징, 상하이 대학, 홍콩의 중국 대학을 방문, 연설과 인터뷰를 함. 데리다 저서 다수가 중국어로 번역됨.

2002년   커비 딕과 에이미 코프만이 감독한 필름 『데리다』 출시. 상당한 성공을 거둠. 이 필름으로 뉴욕 길거리에서나 세계의 큰도시 길거리에서 데리다를 알아보는 일반인들이 많아졌음. 2월 2일 『피가로』지에 실비안느에 관한 기사가 실림. 이로 인해 실비안느와 다툼 후, 두 사람 절연.

2003년 2월   위胃 안에 막대기가 있는 듯한 느낌, 즉 췌장암의 초기 증상을 느끼기 시작. 실비안느와의 절연처럼 2월 20일 블랑쇼 타계는 데리다에게 상당한 충격과 슬픔을 가져다줌. 불편한 몸을 이끌고, 미국 캘리포니아 주립대학(어바인)에서 H. 밀러를 위한 학술대회에 참석. 『부랑아』 출간. 5월 14일 검사 결과 췌장암으로 판명. 주치의는 즉시 입원하고 화학요법을 받을 것을 제의. 그러나 데리다는 여러 학회 참석을 위해 연기.
5월 22일 엘렌 식수를 위한 학술대회에 참석. 5월 25일 예루
살렘 히브루 대학에서 명예박사학위 받음. 5월 29일 유대 시
인 파울 첼란을 위한 학술대회에 참석, 기조연설을 함. 5월
31일 하버마스와 학술대회에 참석. 더 이상 글을 쓸 수 없다
고 밀러에게 말함. 대신 전화나 구두로 자신의 생각을 주위
사람에게 알리기 시작. 그럼에도 불구하고 7월 10일 자신의
저서 『반대의 길』 영어 번역을 떨리는 손으로 꼼꼼하게 수정.

2004년 병을 가진 채 수없이 많은 모임과 회의에 참석. 8월 14일 브
라질 정부가 후원하고 에반도 나시멘토(고등사범 시절 데리다의
학생)가 리우데자네이루에서 기획한 3일 간의 회의에 참석.
옛 제자를 만나자 데리다는 '이 여행은 정말 전적으로 불가능
한 현실이야'라고 말함. 제자가 호텔에서 쉬라고 했지만, 데
리다는 3일 내내 꼬박 회의에 참석. 마지막 날, 「용서, 화해,
그리고 진리: 무슨 장르?」로 연설. '더 할 이야기가 많이 있지
만, 여러분들이 피곤해질까 봐 여기서 끝내겠다'라고 농담하
고 미소 지으며 연설 끝냄. 이것이 데리다의 마지막 강연. '연
단에서 강의할 때는 전혀 말기 암환자 같지 않았다'고 에반도
는 회상.

마르그리트가 심리분석자로 매일 파리로 출근해야 했기 때
문에 식수, 로넬 등 데리다의 여성 절친들이 요일을 바꿔 가
며 데리다 간호. 어느 날 데리다는 로넬에게 '내가 죽으면 너

무 급하게 묻지 말라. 혹 내가 부활할지도 모르니까'라고 농담하고 윙크.

노벨문학상이 데리다에게 주어질 것이라는 소문이 매우 파다하게 돌았음. 마르그리트가 이를 전하자, 데리다 눈에 눈물이 맺힌 채, '내가 곧 죽기 때문에 주려고 하는 것'이라고 함. 그러나 10월 6일 상은 다른 사람(Elfriede Jelinek)에게 돌아감. 베르그송, 러셀, 사르트르, 그리고 조이스를 비켜 갔듯이, 노벨문학상은 데리다도 비켜 갔음.

2004년 10월 9일　퀴리 병원에서 타계.

2004년 10월 12일　전혀 알리지 않았지만, 이렇게 저렇게 알고 각국에서 많은 친구들이 모여 데리다 집 앞 골목을 가득 채움. 데리다 집 근방 공동묘지에 묻힘. 화장을 '되돌릴 수 없는 자살행위'로 간주, 싫어했음. '내 유령이 내 무덤에 머물거나 나타날 수 있도록' 땅에 묻히기를 희망. 마르그리트와 함께 묻히기 위해 유대인 공동묘지 구역 밖에 묻히기를 희망. 동시에 자신이 유대교로의 예속을 거부한 제스처. 입원하기 위해 집을 떠날 때 짧은 편지를 쓴 후, 마지막임을 알고 자신이 오랫동안 살았던 집을 유심히 둘러봄. 데리다의 뜻에 따라 아무런 종교 제식도 기도도 없는 장례식 진행. 다만 형 르네가 유대인들이 기도하거나 토라를 읽을 때 쓰는 두건을 쓰고 있었을 뿐. 아들 피에르가 데리다가 남긴 짧은 편지를 아주 낮은 소리로 읽음: '아버지는 여기 모인 친구들에게 고맙다는 말을 전하라고 하셨습니다. 친구들에게 큰 폐가 된다고 그 어떤 장례식도 하지 말라고 당부하셨습니다. 그리고 … 슬퍼하지 말고 … 함께 행복했던 수많은 시간들을 기억하며 아버지에게 미소를 보내 달라고 부탁하셨습니다. 아버지 역시 어디에 계시든 마지막 순간까지 친구들을 사랑하며 친구들에게 미소 지을 것이라 하셨습니다. 그리고 죽음이 아니라 끊임없이 생을 선택하라고 당부하셨습니다.'

데리다에 관한 단상

데리다는 괴롭고 외로웠던 순간들까지 사랑했다고 말한 적이 있을 만큼 삶을 긍정하고 사랑했다. 그는 삶이 제공했던 모든 것을 무한히 사랑하고 즐겼다. 운동(축구와 수영), 철학, 문학, 독서, 글쓰기, 영화, TV, 자동차, 여행, 아름다운 여성들, 자신만의 독특한 사유와 자유, 그리고 개성 모두를. 독서, 글쓰기, 그리고 여행이 더 이상 즐거움이 아니라, 고된 일이 되었을 때도 사랑했다. 그리고 동물까지. 투우 금지 운동을 벌이기도 했고, 자신을 '철학하는 동물'이라 하지 않았는가. 데리다는 동물과 사람의 차이가 사람들이 생각하는 만큼 크지 않다고도 했다. 데리다 집 정원에는 자신이 길렀던 고양이 무덤이 몇 개 있었다. 데리다에게 '가장 두려운 것이 무엇인가'라는 질문에 늘 일말의 주저 없이 '사랑하는 사람들이 나보다 먼저 죽은 것'이라 답했다. 또한 데리다에게 왜 그토록 많은 학술회의나 강연에 하나도 빠지지 않고 다 가느냐고 사람들이 물을 때마다, 주저 없이 늘 '친구가 초청해서, 거절할 수 없는 것'이라 했다.

삶이 제공한 모든 것을 철저하게 사랑했고, 즐겼지만, 그가 거의 평생을 살았던 오랑주의 은행에는 단 한 번의 발걸음도 없었다. 친구들과 레스토랑에서 함께 식사를 할 때면, 늘 데리다가 모든 비용을 지불했고, 미국 대학에서 강의할 때도, 데리다보다 덜 유명한 프랑스 교수들보다 적은 강의료를 받는 일이 비일비재했다. 젊은 시절 빠듯했던 경제적 상황에 처했던 기억도 있었겠고, 비싼 파리 중심이 아니라 파리 외곽에 집을 매입해 평생 살았지만, 돈은 전혀 데리다 열정의 대상이 되지 못했다.

폴 리쾨르는 자신에게는 재능이 있고, 데리다에게는 천재성이 있다고 했다. 그러나 데리다에게 천재성이 있는가 없는가보다 더 중요한 것은 프랑스 포스트구조주의자들이 예외 없이 모두 지적 사기에 연루되어 있지만, 데리다는 이로부터 철저하게 면제되어 있다는 사실이다. 데리다 해체는 유대인 박해에 대해 쏟아 낸 '인간적인, 너무나 인간적인' 열정적 항변이고 저항이었다는 사실이 더 고무적이다. 데리다가 여행한 곳은 서구에만 국한된 것이 아니라, 세계 거의 모든 곳이다. 그 어떤 학자도 데리다만큼 세계 여러 곳을 여행하지 않았다. 이는 모든 약소국들과 약소국민들의 차이가 함께 공존하는, 데리다가 『마르크스의 유령들』에서 주창한 신세계주의와 정확하게 일치하는 행위이자 행보였다. 이를 다른 각도에서 보면, 자신이 쓴 글을 팔기 위해 죽기 직전까지 사력을 다해 직접 발로 뛰어다닌 것이다. 이것까지 즐긴 것으로 보인다. 혹은 단순히 자신의 자유분방한 정신의 발로였거나 여행광이기 때문이었을지도 모른다. 혹은 어쩌면 오랜 세월 동안 박해와 핍박으로 인한 유대인들의 긴 방황의 역사로 인해 생긴 유대인의 근성과 유전인자에 기인했을지도 모른다. 중요한 것은 방황과 저항 속에서도 삶과 사람을 그리고 동물까지를 사랑했다는 것이다. 평생을 같이했던 아내 마르그리트가 데리다를 '과다하게 대지적인extra-terrestial 남자'라고 표현했듯이, 데리다는 땅위를 끊임없이 돌아다녔던 바람과 땅의 아들이었음은 확실하다. 「데리다 연보」에서 다 열거하지 못한 데리다의 저서와 공저까지 약 85권, 그리고 여전히 다 열거하지 못한, 셀 수 없이 많은 학술대회의 개막문과 연설문은 땅의 기운으로 쓰인 것이다. 그래서 데리다 해체는 가설이나 기교로 자신의 종교를 감추거나, 고고함으로 치장한 병약한 도피의 담론이 아닌 것이다. 이 결과 데리다 해체는 인간의 역사가 땅 위에서 보다 자유롭게 그리고 확실하게 무한에 이르도록 튼실한 길을 터놓았다. 이원구조에서 태어난 가장 거대한 유령이 더 이상 큰 힘을 쓰지 못하게 함으로써.

근거자료: Benoît Peeters, *Derrida: A Biography*. Cambridge: Polity Press, 2013.

인용문헌

김경일. 『공자가 죽어야 나라가 산다』. 바다출판사, 1999.

김보현. 『데리다 입문』. 문예출판사, 2011. 이 책은 본문에서 (『입문』)
으로 표기.

_____. 『데리다와 문학』. 문예출판사, 2019. 이 책은 본문에서 (『문
학』)으로 표기.

김용환. 『리바이어던』. 살림, 2014.

맥린, 베서니 외. 『모든 악마가 여기에 있다』. 자음과모음, 2011.

장기홍. 『정보화시대의 바벨탑』. 우성문화사, 1991.

홍자성. 『한 권으로 읽는 채근담』. 글로북스, 2011.

Cixous, Hélène. *The Portrait of Jacques Derrida as a Young Jewish Saint*.
New York: The Columbia University Press, 2004. 이 책은 본문에
서 (식수)로 표기.

Derrida, Jacques. *L'écriture et la différence*. Paris: Editions du seuil, 1967;
Writing and Difference. Tr. Alan Bass. Chicago: University of
Chicago Press, 1978. 이 책은 본문에서 (『글쓰기와 차이』)로 표

기. 괄호 안의 사선 앞은 프랑스어판 쪽수, 사선 뒤는 영어판 쪽수.

_____. *De la grammatologie*. Paris: Minuit, 1967; *Of Grammatology*. Tr. Gayatric Chakravorty Spivak. Baltimore: Johns Hopkins University Press, 1975. 이 책은 본문에서 (『그라마톨로지』)로 표기. 괄호 안의 사선 앞은 프랑스어판 쪽수, 사선 뒤는 영어판 쪽수.

Heidegger, Martin. *Early Greek Thinking*. Tr. David Farrell and Frank A. Capuzzi. New York: Harper & Row Publishers, 1975. 이 책은 본문에서 (하이데거)로 표기.

Marx, Karl. *The 18th Brumaire of Louis Bonaparte*. New York: International Publishers, 2008. 이 책은 본문에서 (마르크스)로 표기.

Sprinker, Michael Ed. *Ghostly Demarcations: A Symposium on Jacques Derrida's Specters of Marx*. New York: Verso, 1999. 이 책은 본문에서 (GD)로 표기. 이 책에 실린 데리다의 글 「Marx & Sons」는 본문에서 (MS)로 표기.

Stirner, Max. *The Ego and His Own: The Case of the Individual Against Authority*. New York: Dover Publications, 2005. 이 책은 본문에서 (슈티르너)로 표기.

데리다의 『마르크스의 유령들』 읽기

[세창명저산책]

세창명저산책은 현대 지성과 사상을 형성한 명
저들을 우리 지식인들의 손으로 풀어 쓴 해설서
입니다.

· 세창명저산책은 계속 이어집니다.